JN216677

5度の臨死体験でわかったあの世の秘密

小林 健
本草閣自然療法センター院長

イースト・プレス

5度の臨死体験でわかった
あの世の秘密

はじめに

死は怖くないし、痛くも苦しくもない

この本を手にとっていただき、ありがとうございます。
これもきっと何かのご縁、最後までおつき合いいただけると幸いです。

さて、突然ですが、あなたは死ぬことが怖いですか？
「ちっとも怖くない！」
と断言できる方は、おそらくごくわずかだと思います。

いったいなぜ、人は死を怖れるのでしょう？

考えてみるに、まずひとつは、死の先に何が待っているかわからないという、「未知」への怖れがあると思います。

また、すべてを失ってしまうのではないかという、「喪失」への怖れもあるでしょう。

私は現在、七六歳ですが、**これまでの人生で五度死んで、五度生き返りました。**

ようするに、五度の「臨死体験」を経験したのです。

その経験を、これからお話ししていくわけですが、まずみなさんにはっきり申し上げておきたいことがあります。

それは、**「死は怖れるものではない」**ということです。

何しろ、実際に死んだ私がいうのですから、間違いありません。

五度の臨死体験、いずれも恐怖心を覚えたことはほとんどなく、痛みや苦しみもありませんでした。

むしろ落ち着いた精神状態で、心地よくさえありました。

死の瞬間は、まわりの音が静かに消えていくにつれて、徐々に視界がせまくなっていく感じでした。

しかし、闇に包まれたのは、ほんの一瞬。たちまち銀河系のような美しい世界、新しい世界がパッと開けたのです。

それは「この世界から消えていく」というよりも、**「新しい世界に入っていく」**という感覚でした。ワクワク、ドキドキの、すばらしい未来が待っている……そんな喜びに全身がふるえました。

死はただの「通過点」にすぎない

私が経験した最初の死は、ため池の底に足が引っかかってしまい、水中に二三時間も取り残されてしまった事故でした。

このときのエピソードは、第1章でくわしくお話ししますが、やはり痛みや苦しみはなく、不安や恐怖もまったく感じませんでした。自然と全身の生気《せいき》が蒸発していく感覚だけがあり、まるで心地よい眠りにつくような感じでした。

そして自分の意識が、どこかほかの世界に運ばれていくような感覚を覚えました。

そのとき、私は確信したのです。**死とは「終点」ではなく、次のステージに進む「通過点」であると**。

みなさんが死を怖れる様子を、ジェットコースターにたとえてみましょう。

多くの人は、年をとったり、病気になったり、あるいは親しい人の死を経験したりすると、死を身近に感じ、怖れの感情を抱きはじめます。

たとえるなら、ジェットコースターが動きだして、徐々に高いところへと上っている時間です。


人は誰ひとり例外なく、死に向かって歩んでいます。ジェットコースターが後戻りすることは、絶対にありません。芽生えた怖れは、少しずつ大きくなっていきます。

その怖れが最高潮に達するのが、ジェットコースターが上り切って、いよいよ高速の下りがはじまる瞬間です。

がんなどの病気にかかった、手術をすることになった、大きな事故にあった……死がリアルに迫ったとき、みなさんはどうするでしょうか?

そうです。ほとんどの人は「目をつぶる」ことで、怖れから逃れようとします。


しかし、**それで本当に怖れから逃れることができるでしょうか。**

先ほど私は、死を怖いと思う原因のひとつに「未知」を挙げました。であるならば、目をしっかり開いて、死について正しく「知る」こと、そして「考える」ことが大事なのではないでしょうか。

本書がそのきっかけになればと、私は願っています。

「怖れ」を手放せば人生が変わる!

わけもわからず死を怖れてばかりいると、ただ「死にたくないという焦り」ばかりが先立って、やる必要のない手術や検査をしてしまったり、飲む必要のない薬を飲んでしまったり、逆効果のことばかりしてしまいがちです。

それでは「生」は輝きません。

大切なのは、死を怖れながら生きるのではなく、**死を正しく理解したうえで、いまこの瞬間の生に夢中になれるかどうか**です。

漠然とした怖れを手放すことができれば、心に余裕が生まれます。ものごとを大きな視野でとらえられるようになります。

みにくく、つまらない執着も消え、美しく生きることができます。

中身の濃い、充実した毎日を送ることができるようになります。

みなさんも、そんな人生を送りたくありませんか？

そもそも、死によって失ってしまうかもしれないと、みなさんが怖れているものは、家や仕事、モノ、お金といった「現世利益《げんぜりやく》」です。それらは、はっきりいってしまえば、この世界が生み出したある種の幻想にすぎません。

植物にたとえれば、美しい花や、青々とした葉っぱのようなものです。たしかに、それらは美しく、きらびやかに見えます。

しかし、生命の根源、本当の愛といった、「生の本質」が宿るのはそこではありません。

冷たく暗い地中に静かに存在する、根っこの部分です。

根っこは、私たちの目に見えないところにあります。

しかし私たちの知らないところで、地中から水や栄養分を吸い上げ、生命を維持し、成長させる重要な役割を担《にな》っています。

そしてみずからも、深く、深く地中に伸び、グングン成長しています。

現代人はとかく、目に見えるものばかり重視し、目に見えない「生の本質」を見そこなっているのではないでしょうか。


私は五度の臨死体験で、目に見えない世界と対話し続けてきました。

とりわけ印象に残っているのは、「神さまのような人」との出会いです。

「ここは天国ですか？」

私がそうたずねると、その人は必ずこう答えるのです。

「天国も、あなたが生きているところも、同じひとつの世界です。ただし、あなたたちからは私が見えませんが、私からはあなたたちがよく見えます。いつも、ずっと見ていますよ」

その人は、こう続けます。

「私たちは、平穏な世界に生きています。つまり、**あなたたちが悩んだり、苦しんだりするようなことは、こちらの世界にはまったくありません**」

さらには、この世には年齢というものがありますが、あの世には年齢という概念そのものがないそうです。生命の究極の姿として、完成された人たちばかりが暮らしているといいます。

私が五度の死を通して見てきた世界については、これからくわしくお話ししてまいりますが、**死は決して終わりではなく、次の世界への通過点にすぎない**という、私の基本的な考えはおわかりいただけたのではないでしょうか。

冬の世界は、美しく咲き乱れていた花も、青々と息づいていた葉もすべて散り落ち、枯れ果てた木々が寂しく立ちつくす姿に、つい「死」を連想しがちです。

しかし、それは少し間違った見方です。

力強く、愛に満ちた生命は、零下二〇度の雪原の下でも、地中にあって脈打ち続けています。

四季の移ろいは、まさに輪廻《りんね》転生《てんせい》を象徴する生と死のドラマです。

死を怖れず、「いまを生き切る」マインドを、この本で一緒に養っていきましょう。

5度の臨死体験でわかったあの世の秘密
もくじ

はじめに

第1章
最初の臨死体験

第2章

その後の臨死体験

第3章 「あの世」の秘密

第5章 新しい地球へ

おわりに

装幀　水戸部 功
編集協力　西田貴史（manic）
二本木志保（manic）

第1章
最初の臨死体験

人生は手のひらに乗るくらい、
ちっぽけなものなんだよ。

患者さんの「九五%」が改善・治癒するわけ

まず、みなさんにお話しししなければならないのは、私自身のことでしょう。

私は三八年前、アメリカに渡り、ニューヨークのマンハッタンで「本草閣《ほんぞうかく》自然療法センター」という小さな治療院を開きました。

そこで毎日、たくさんの患者さんを診察し、あらゆるがんから、脳卒中や心筋梗塞などの血管病、腎不全や肝硬変などの臓器の病気、子宮筋腫や子宮内膜症などの婦人病にいたるまで、さまざまな病気の治癒に取り組んできました。

といっても、私はいわゆる「医師」ではありません。

医師というと、日本のみなさんは、国家資格を持った西洋医学の専門家を思い浮かべると思います。私はそういう方たちとは違って、「自然療法医」、もしくは「マスターヒーラー」と呼ばれています。

私の治療では、化学的に合成された西洋薬は使いません。では、どうやって治療をおこなうのか？

まず、顔や身体を観察することで健康状態を診《み》る望診《ぼうしん》や、脈診、問診などで、症状・状態を判断します。とくに患者さんが発するテラヘルツ波、量子波からの情報を読み取ることで、何が原因でいまの症状が出ているのかを見極めます。

そして、鍼《はり》やお灸《きゅう》など「東洋医学」の手法を用いて、副交感神経によるパワーを高め、原因と症状を同時に治癒していきます。

必要があれば、漢方薬を処方したり、食事の指導をおこなったりもします。

患者さんの消化・吸収力を見極めて、それぞれに合った食材を選び出し、そこに漢方を少し加えて食べてもらう、「正食薬膳」も指導しています。

そのほかにも、「心通力《しんつうりき》」を用いて患者さんの気を整えたり、「風水光《ふうすいこう》」といって、患者さんのご自宅や職場の気のとどこおりを整え、あるべき気の流れをつくったり、「導引光《どういんこう》」という呼吸法を指導して、効果的に酸素を体内に取り入れ、その抗酸化作用によって毒素をデトックスさせたりもします。

さらには、ユダヤ人に伝わるカバラ医学と形而上学《けいじじょうがく》を統合した「自己免疫精神学」という理論にのっとって、自然で楽しいライフスタイルを目指す、心の持ちようを患者さんにお伝えしたりもしています。

こうした治療によって、約九五％の患者さんが改善・治癒しています。

すべてに共通しているのは、**患者さん自身が本来持っている「自然治癒力」を呼び覚ますこと**。人間にもともと備わっている力で、病気を治しているのです。

私は、そのお手伝いをしているだけともいえます。

あの有名スターもひそかに来院

私の治療院には、毎日たくさんの患者さんが訪れます。その中には、たいへん有名な歌手・ミュージシャンであり、詩人でもあるパティ・スミスさんをはじめ、著名人の方もいらっしゃいます。

お名前を出せるのは彼女だけですが、そのほかにもハリウッドの名優で、アカデミー賞にも輝いたことのあるRさん、何度もグラミー賞を受賞されている女性シンガーのTさん、世界的ファッションデザイナーのSさん、日本人メジャーリーガーの某選手など、**世界的に有名な方も毎日のようにいらっしゃいます**。

ところが世間にうとい私は、お会いしてもわからず、秘書にいわれて、

「そんな有名な方だったのね。ぜんぜん知らなかったよ」

と思うだけなのですが……。

何億ドルも稼ぐスターであっても、私にとってはみんな同じ「ひとりの患者さん」です。私の治療院には、人間だけでなく、ワンちゃんやネコちゃんもいらっしゃるのですが、ワンちゃんの先約があるという理由で、ハリウッドの俳優さんからの診療オファーを断ったこともあります。

人類みな兄弟などともいいますが、兄弟は人類だけではありませんから……ね。


先ほどもお話ししたように、私がおこなう治療とは、**患者さんの身体の声を聴き、その声を患者さん自身にフィードバックして、自分の力で治していただくこと**です。

患者さんの臓器、ひとつひとつとコミュニケーションをとり、さらには「あの世」の方や神さまともメッセージをやりとりし、そのすべてを治療に生かしています。

ときには鍼も打ちますし、漢方薬も処方しますが、基本は患者さんの自然治癒力におまかせで、私はそのお手伝いを少しするだけです。

それでも……いや、それだからこそ、九五％の患者さんが改善・治癒するのです。

こういうお話をすると、

「なんだか怪しい」

と思われる方もいらっしゃるようですが、私からいわせれば、自然の一部であるはずの人間の身体を治すために、**化学的に合成された西洋薬を使ったり、メスを入れて傷つけたりするほうが、よほど危険で「怪しい」**と思います。

自然治癒力は、すべての人間が持っているすばらしいパワーですので、みなさんにはもっとそれを信じていただきたいものです。

雪国で生まれ育った私

私のことをより深く、みなさんに知っていただくために、私自身のルーツのお話からはじめましょう。

いまから七六年前のある日、新潟県十日町《とおかまち》の小さな集落に、赤い髪の毛をした男の子が生まれました。

その子は、ユダヤ人とロシア人の血を引いていたため、日本の子どもたちとはあきらかに違う面立ちと体格をしていましたが、見た目以外はいたってふつうの日本人の少年として育ちました。

新潟は、日本一積雪の多いところです。

北国では、家の屋根に積もった雪を落とす作業を「雪下ろし」といいますが、少年の育った地域では、これを「雪上げ」と呼んでいました。

それは、この土地の積雪量があまりに多いため、集落の家屋全体が雪の中に埋もれてしまうからです。

つまり、屋根に積もった雪を下ろそうにも、下ろす場所がないのでした。

冬を迎えると、少年の育った集落の人々は、自分の家の屋根を分厚くおおった雪をスコップですくっては高いところに積み上げていく、雪上げの作業に追われて暮らしていました。

そんな雪深い北国で育った、その少年こそが、幼いころの私です。

まず、お話ししなければならないのは、私のおじいさんのことです。

それは、**いまの私について語るとき、すべてのルーツとなるものが、そのおじいさんの存在**

にあるからです。

おじいさんはユダヤ系ロシア人で、「カバラ」というユダヤの宗教哲学を究《きわ》めた人でした。その能力は、父に受け継がれ、いまの私の中にも息づいています。

おじいさんはその奥義を日常的に使いこなしていたので、子どもであった私の目には、とても不思議な能力の持ち主として映りました。

たとえば、家の奥の間でくつろぎながら、おじいさんはよく私にこんなことをいいつけました。

「健ちゃん、玄関に隣のミッコちゃんちのお父さんが来ているよ」

もちろん、おじいさんのいる奥の間からは、玄関の様子は見えませんし、音や人の気配が伝わるにしても離れすぎています。

「ほんとかな?」

そう不思議に思いながら玄関に走っていってみると、ちょうどミッコちゃんのお父さんが訪ねてきたところに出くわすのです。

「おじいちゃんは、どうしてミッコちゃんのお父さんが来ることがわかったんだろう?」

私は首を傾げたものでした。

またあるときには、こんなこともいいました。

「消防団の隊長さんが来るから、健ちゃん、出迎えに行ってくれるかい?」

はたして玄関に駆けつけてみると、やっぱり隊長さんが現れるのです。

「音もしていないのに、どうしておじいちゃんにはわかるんだろう?」

物心がつきはじめたころは、不思議でならなかった私ですが、こうしたおじいさんの能力を示すできごとを毎日のように目にするうち、やがてその力の源となるものに、しだいに気づくようになりました。

ロシア人の祖父から受け継いだ「不思議な力」

おじいさんの能力とは、**宇宙に遍満する「量子」の波動をあやつり、感じ取ることができる**というものでした。

量子とは、私たちの身体をふくめた、あらゆる物質の最小単位で、電子、中性子、陽子、素粒子、光子などがその代表です。

量子は、ひとつひとつは粒状でありながら、それぞれが相互に作用し合うことによって、波の性質を持ちます。それが量子の波動であり、「量子波」という呼び方もします。

この量子波をあやつり、感じ取ることができるようになると、まるで糸電話のように、何千キロ離れた先のものを見たり、聞いたりすることができるようになります。

いわゆる「千里眼」と呼ばれる現象です。

私はこの能力を毎日のように利用して、遠くの人と会話をしたり、広い世界を眺めたりしています。

また、あの世の住人や、神さまとも、この力を使ってコミュニケーションをしています。そして、いろいろなアドバイスをいただいています。

そんなすばらしい能力を与えてくれたのが、私のおじいさんです。この力は、間違いなくおじいさんから受け継いだものなのです。

おじいさんこそが、いまの私をつくり上げたといっても、過言ではありません。

おじいさんは、ロシアから日本へ亡命してきたユダヤ系ロシア人でした。おばあさんもまた、おじいさんが新潟に来てからこちらで知り合ったロシア人でした。

その間に生まれたのが、私の父です。

母は生粋《きっすい》の日本人ですが、やはりあるパワーを秘めた女性で、**十日町で三五〇年以上続く**

「春日《かすが》本草閣」という治療院を経営している家系のお嬢さんでした。

母が日本人であっても、ロシア人であるおじいさんとおばあさんの血を、父を通して色濃く受け継いだ私でしたから、オレンジ色に近い赤毛に生まれたのは、当然のことでしょう。

大人になってからはむしろ小柄な私ですが、幼いころは周囲の子どもよりも大きな身体をしていました。それも、このおじいさんの血がなせるわざであったと思います。

こうして私は「溺死」した

そんな家に生まれ育った私でしたが、**七歳のときにはじめて「死」を体験することになります。**

それはある夏の週末のできごとでした。

同級生七～八人と連れ立って、十日町の山中にあるダムに泳ぎにいったときのことです。

水力発電所をそなえた巨大ダムで、ここで生産された電力は東京に送電されて、都内を走る電車の動力に使われていると私たちは聞かされていました。

実際、そこで働くエンジニアの人は、遊びにきた子どもたちの前でよくこんなことをつぶやいていました。

「今日はずいぶんと電車が混んでいるんだなあ……」

乗車する人が多いと消費電力がはね上がるのです。

彼らは電気の使用量を示すメーターを眺めながら、遠く離れた見知らぬ都市をひた走る、電車内の様子に思いを馳《は》せていたのでしょう。

少年のころの私は、水泳が得意でした。

それも、水の中に長時間潜る「潜水」は、誰にも負けなかったぐらいです。

しかし、それは少し悲しい理由から身につけた能力でした。

当時の私は、「髪の色がみんなと違う」という理由で、いじめに遭っていたのです。

同級生たちと一緒に泳ぎにいっても、みんなが私のことをいじめるので、ひとりになれる水中に長く潜る……。そんなことをくり返しているうちに、がまんせずとも長時間潜れるようになったのでした。

それでも数分ごとに、息継ぎのために水面から顔を出さなくてはいけません。そのたびに、彼らからこんなことをいわれて、無視されていました。

「ケンはまだ潜っているから、オレたちだけで遊ぼうぜ！」

そしてその日も、いつものように、私を置いて彼らは帰ってしまいました。

事故は、私がひとりになってから起こりました。

そのダムの底には、水中に没している立ち木がたくさんあったのですが、そこに潜水中の私の左足が引っかかってしまったのです。

必死になって何度もがいても、自分の足を木から外すことができません。結局、そのまま呼吸が止まり、溺死してしまいました。

私の「遺体」が発見されたのは、翌日でした。すでに事故が起きてから、二三時間がたっていました。

こうして死んでしまった私ですが、不思議なことに最後まで、痛みも苦しみも感じることはありませんでした。

「ああ、足がぬけないなあ……」

水中でバタバタともがきながら、そんなふうにぼんやり考えていたことを、はっきり覚えています。

ふつうに考えれば、息ができないので苦しいはずなのですが、なぜかしだいに気持ちよくなってきて、**クヨクヨと考えていた心配ごとや、いじめられる悩みなどもスーッと消えて、心が晴れやかになっていきました。**

「なんだか、きもちがいいなあ。ボク、このまま死んじゃってもいいかなあ……」

と思えてくるほどでした。

あのときの心境は、やはり「気持ちがいい」という言葉でしかお伝えできません。

とにかく、痛みも苦しみもなく、私の心と身体は、おだやかでほのぼのとする幸福感に包まれていました。

やがて、自分の存在があきらかに現実世界から消えていく感覚を覚えましたが、それは「意識が遠のいていく」というよりは、「ほかの世界に引き上げられていく」感覚でした。楽しさすら感じられ、子どもながらに、次なるステージに向かうアドベンチャーをしているような感じがしたものです。

死ぬ瞬間に見た「自分が生まれた日」のこと

人が死ぬときには、これまでの人生のすべてが走馬灯《そうまとう》のようによみがえる、という現象が起こるといわれます。しかし、このときの私には起こりませんでした。

ただ、幸福感に包まれた意識の中で、**子どものころに父がほめてくれたことや、母が抱きしめくれたことなど、温かい思い出がよみがえった**ことは記憶しています。

このとき見た中で、いちばん印象深かったのは、私が生まれた日の光景でした。

私の父はとても厳格な人でした。

自分にも家族にも厳しい硬派な男性で、まるで映画のヒーローのような「男の中の男」を絵に描いたような人です。

子どもの前でも、めったに笑うことはなく、危機におちいっても慌てることなどまったくない、昔ながらの強い男性だったのです。

しかし、私がこのとき見た父の姿はまったく違っていました。

私が死にゆくときに見た光景の中で、父は……

そこは実家の奥の間だった。

部屋の中央に敷かれている布団には、まだうら若き母が寝ていた。その表情には苦悶《くもん》の色が浮かんでいる。

私はその様子を上から眺めている。

「先生！　すみませんけど、お湯を持ってきてくださいっ！」

産気づいているらしい母のそばで、産婆《さんば》が声高に叫んだ。

すると、青年の面影を残している父が、湯をはった洗面器を危なっかしく抱え、走ってきた。

父は相当に慌てふためいており、敷居に蹴つまずいては湯をこぼし、扉に肩をぶつけてはまたこぼし……というていたらくで、床はびしょ濡《ぬ》れである。

父の額には、噴き出した汗が玉をつくっていた。

「おとうさん、おかしいや！」

はじめて目にした滑稽《こっけい》な父の姿が、七歳の私には面白くてたまらず、コロコロと笑った。

「うちのおとうさんも、あわてちゃうことがあるんだ！」

……そう、思ったところで、この記憶は途切れました。

私が息を吹き返したあと、このとき見た光景について、私を産湯《うぶゆ》につけた産婆さんに話してみました。それはまさしく、私が生まれた日のできごとと寸分変わらぬものでした。

彼女は、当時を振り返りながら、

「あれだけの大先生が、産湯を持ってくるだけで、それは慌ててましてね。ほかの人には話せないけど、やっぱり先生も人の子だなぁって思ったものですよ」

そう懐かしげに私に話してくれました。

つまり、七歳で経験した最初の「死」の最中、私は自分が生まれた日の光景を見ていたのです。

世間でいわれるような「走馬灯」は、私には起きませんでしたが、**みずからの誕生の瞬間をたしかに目にした**のです。

五〇〇人もの人たちが祈ってくれた

人が死ぬときは、おへそのあたりからスーッと青い光の玉が出ていくとよく耳にします。「人魂《ひとだま》」などといいますが、その青い光の玉は、死んだ人の全身を駆け巡り、お世話になった肉体に最後の挨拶をするそうです。


「ありがとう、私の目」

「ありがとう、私の手」

「ありがとう、私の足」

「ありがとう、私の……」


そんなふうに、肉体に最後の別れを告げると、ポンと消えて真っ白になるとか。

私が七歳で最初の「死」を経験したときには、この現象は起きませんでした。

たしかに幽体離脱をして、横たわる自分の亡骸《なきがら》を見下ろしてはいたのですが、**青い光の玉が出なかったのは、私がそのまま死ぬ運命ではなかったから**だと考えています。

私が幽体離脱して見た光景とは……

血の気のない、土色の顔をした私の亡骸を前に、父が座っていた。

父の後ろには、五〇〇人を超える人がずらりと並んで座っており、父とともに一心不乱に祈っている。

父は、祖父からカバラのマスターの職を引き継ぎ、地域のために活動していた。だから、これだけの人が集まったのだ。

「大切な我が子をこのまま死なせてなるものか！」

祈る父の心の中が、私には手にとるように見えていた。

また、父は同時にこうも確信していた。

「健の魂は、必ず戻る！」

その思いは、当の私にも伝わってきた。

「どうか坊ちゃんを、よみがえらせてください！」

一緒に祈ってくれている集落の人たちの思いも同じだ。

しかし、私は子どもながらに合点がいかない。

「僕はここにいるのに！」

父も、集落の人たちも、みんな自分の「亡骸」に向き合い、祈っている。

「おとうさん！　それは僕じゃないよ！」

そう叫んだ。

しかし、父はこちらを見ようともしない。

「みんな！　僕はここいるよ！」

何度も呼びかけたものの、誰も私に気がつくことはなかった。

しかたなく私は、集まってくれた人たちが自分の亡骸を抱いて泣いたり、頭をなでながら話しかけたりしている様子を、ただただ眺めていた。


……私はこのとき、はじめて幽体離脱を経験しましたが、その後の四度の臨死体験でも、同じような現象に遭遇しました。


幽体離脱をするのは、実は臨死体験のときに限りません。いまでは、**一日に一〇回は幽体離脱をするようになりました**。

この現象が起こる予兆としては、現実の生活でトラブルなど、何か歓迎すべきではないことが起こってしまい、

「嫌だな……」

と心の中で感じたときに、スーッと意識が飛んでいく傾向があるようです。

余談ですが、私が「幽体離脱」という言葉を知ったのは、つい最近のこと。漢字もようやく覚えたばかりです。アメリカ暮らしが長いため、恥ずかしながら、少々日本語にうとくなっているのです。

「漆黒の闇」を抜けた先にあったもの

幽体離脱をした私の魂は、宇宙へ飛んでいきます。

宇宙に到達する前には一瞬だけ、何も見えない漆黒の闇を通過します。

それは一〇〇億分の一秒、そのくらい一瞬の闇です。

闇をくぐり抜けると、**そこには満天の星とその明かりに満ちた、息を呑《の》むほど美しい世界が広がります。**

星々は手が届くほど近くにありますが、星と星、星と自分がぶつかることはありません。そして、天体全体がゆっくり回転するように動いています。

そこでは、ありとあらゆるものを見ることができます。

たとえば、そのとき診ている患者さんの過去や、親しい友人の未来の姿、見知らぬ土地で生きている知らない人の人生、あるいは世界情勢の動きまで、見ようと思えばなんでも見ることができるのです。


ちなみに、**日本人の臨死体験談としてよく耳にする「三途《さんず》の川」の光景は、残念ながら見たことがありません**。

ただ、臨死体験というのは、きわめて個人的な体験ですから、私が見たことがないからといって、「三途の川は存在しない」とは、決していいません。

私の経験した死の向こう側に、こうした宇宙が存在しているように、べつの人が経験する死の向こう側には、きっと三途の川が存在しているのだと思います。


さて、宇宙のお話に戻りましょう。

私が訪れる宇宙は、無限大といえるほど広く、その広さゆえ、先がどうなっているのか見通すことはできません。

宇宙における私はふわふわと浮かんでおり、無重力の世界のようです。歩こうとしても足がバタバタ振れるだけで、前に進むことはできません。

千里眼のように、なんでも見ることができる一方、音は何も聞こえません。完全なる静寂です。自分で大声を出してみても、声を出している感覚はあるのですが、自分の耳で認識することができないのです。

慣れないうちは、少々とらえどころのない世界です。

みなさんがテレビや映画で見たり、聞いたりするようなものも、私が訪れる宇宙には存在しません。

人工衛星もありませんし、宇宙ステーションも存在しません。

もちろん、宇宙人もいません。

私が見た月面には、アームストロングが歩いたような足跡も、寂しげに立ち続ける星条旗もありませんでした。

といって、アポロ一一号のお話がウソであるといっているわけではありません。

私がみなさんにお話ししているのは、あくまで私の個人的な体験ですので、ニュースで見る宇宙との整合性を考えてもしかたのないこと。

私としては、

「私が見てきた宇宙には、人工衛星は存在しなかった」

「月面着陸の痕跡はなかった」

と、ただご報告するだけのことです。

実は地球は丸くなかった?

私は子どものころから『西遊記』というお話が好きで、その世界に憧れてきました。

この『西遊記』には、主人公の孫悟空が「きん斗雲」という雲に乗って、地の果てを目指すエピソードがあります。結局、どこまで行ってもお釈迦《しゃか》さまの手のひらの上だったという有名なオチがつくのですが、その話が脳裏にあったので、最初の「死」を経験したときに、

「僕もおもいきり、とんでみよう!」

と、孫悟空のように宇宙のあっちこっちへ飛んでみたのです。

このとき私は、地球が丸いことを実感したくて、地平にそって延々とまっすぐ飛んでみまし

た。もし地球が球面なら、その航跡は曲線を描くはず。

ところが、いつまで飛んでも、地平とは平行のままです。


「地球は、丸くないじゃん！」


七歳の私は、この事実に驚きました。

私が飛んだ地球は、果てしなくフラットな地表に、ドーム状の大気圏がかぶさっているような形状をしていました。

その後も、幽体離脱して宇宙を旅するたびに同じ実験をしてみましたが、結果はいつも同じでした。


後年、私はNASA（アメリカ航空宇宙局）に勤務する、元・宇宙飛行士の方とお話しする機会を得ました。

ある程度、宇宙科学の世界に興味がある人でしたら、その名を聞けば誰でも知っている著名な人物です。

私はこの方に、包み隠さず自分の体験を話してみました。

ロケットに乗って、実際に宇宙に行ったことのある彼に、地球は丸かったのか、平らだったのかをたずねてみたかったのです。

このときの彼の話によると、彼が乗船した宇宙船には、平行を測定する計器が搭載されていたそうですが、地球にそって何千キロ飛行してみても、その計器はずっと平行を示していたそうです。

つまり、私と彼の体験を合わせて考えれば、**地球は球体ではなく、平面であるという結論になります**。

私はいまでも、それが本当の地球の姿ではないかと思っています。科学的な裏づけのあるデータがあるわけではありませんが、何度、宇宙を旅してみてもそう実感します。

「常識」と信じていることを疑おう

実は、科学者の中にも「地球は丸くない」と主張している研究者が少なくありません。

もちろん、私は宇宙船に乗った経験はありませんので、実際に体験していないことを強弁するつもりはありません。

あくまで、幽体離脱で見てきた宇宙や地球の姿を、そのまま記しているにすぎないのです。

みなさんが、

「そんな馬鹿げたことはない、地球は丸いに決まっている！」

とお考えであれば、それを否定するものではありません。


しかし、みなさんも地球の本当の姿を、その目で確かめたわけではありませんよね？

この点が、とても重要です。

私たちはメディアや教育によって、真実とは違うことを信じ込まされているケースが実にたくさんあります。


「自分が常識と信じていることは、真実なのか？」

そう考えてみるための、もうひとつの目、もうひとつの脳をぜひ持つようにしてください。


「地球は丸くない」

この私の説を原稿にまとめることについて、実は私の助手から、

「健先生、このお話を本に書いてしまっても大丈夫ですか？」

と心配されました。

私がおかしな人だと思われることを心配してくれたのです。

しかし、私にとってはノー・プロブレム。

なんの問題もありません。

このエピソードをふくめて、本書に記しているすべてのお話は、私の個人的な経験、個人的な意見ばかりです。包み隠さず、みなさんにすべてをお伝えします。

「天国」はこんなところだった！

次は、「天国」のお話です。

私が見た天国は、ひと言でいえば**「肉体の死を迎えた魂が集合する場所」**でした。同じ波長を持つ魂どうしが引かれ合い、自然と一か所に集まるのです。

たとえば、あるミュージシャンに惹《ひ》かれる人たちが同じライブ会場に集うように、あるいは、ある学問を志す学生が同じゼミに集まるように……そんなイメージをするとわかりやすいかもしれません。

同じ理由で、人間は人間どうし、ワンちゃんはワンちゃんどうし、ネコちゃんはネコちゃんどうし、ウサギさんはウサギさんどうしで集まっているのも、天国の特徴です。

天国は、宇宙の中に点在しています。

広大な宇宙のいたるところに、同じ波長を持つ魂がステイできるステーションのように、いくつもの天国が存在しているのです。

宇宙を旅するのと同じように、私はひんぱんに天国にも行くのですが、そこは少々不思議な世界です。

私の知っている天国は、「霧の摩周湖《ましゅうこ》」のように、存在しているすべてのモノの輪郭が淡くぼやけた世界で、宇宙にあるのに星はまったく見えません。

そして、**そこには少し前かがみになって歩く人たちがいます**。

なぜか、そこにいるみなさんが、靴を履いている姿を見たことはありません。

天国には家もありません。

もちろん、バーやレストランもなければ、お菓子屋さんもありません。

いつも現実世界でエンジョイしている私のような人間からすると、ただただ退屈に見える世界です。

ところが、そこにいるみなさんは、つねにモナリザのような微笑みをたたえています。

しかし、よく見ると、決して笑ってはいません。

ただただ満たされた様子で、静かに微笑みをたたえ、浮遊するかのように私の前を通過していきます。

何億人いるのかわかりませんが、とてもたくさんの人がいます。

たいへん多くの人が歩いているのですが、決してぶつかることもありませんし、道端でおしゃべりすることもありません。

もちろん、ケンカもしません。

天国に暮らすみなさんは、いつ訪れても、ただ平和であることを楽しんでいるような印象を受けます。

私が出会った美しき「神さま」

天国には、そこで暮らすみなさんから尊敬を集めている人がいます。

姿かたちは、美しい女性にも見えますが、中性的な印象の男性にも見えます。

その人は、私の前に現れたとき、こう語りかけてきました。

「あなたは、まだここで暮らすには少し早いようです」

その声は、女性というより、男性のような力と威厳に満ちていました。

七歳の私は、なんの遠慮もなく、こうたずねました。

「おねえちゃんが、かみさまなの？」

その人は微笑んだまま、否定も肯定もしません。

「かみさまって、男でしょ？」

やはり、その人は微笑みをたたえたままです。

「おねえちゃんは、かみさまにはみえないなあ……」

ズケズケと思ったままを口にする私に、その人はこういいました。

「さあ、あなたは元の世界にお帰りなさい」

「かえりたくても、かえりかたがわかんない。どこからおりるの？」

「降りるのではありません。天国は、高いところにあるのではないのです。**天国は、あなたの世界と同じところに……あるのです……よ………**」

その人の声を聴き終えることなく、私の魂は天国から帰されました。

のちに確信することになるのですが、その人こそが「神さま」であり、以後「死」を経験するたびに、天国でお会いすることになります。

女性なのか、男性なのかは、わからずじまいでしたが、おそらくどちらでもあるとともに、どちらでもないのでしょう。

神さまは、私たち人間の考えが及ぶような存在ではなく、もっと大きな存在ですから、性別などという概念そのものが当てはまらないのだと思います。

「死」を体験して人生観が変わった

この章では、七歳のときにはじめて体験した「死」と、そのときに私が見た宇宙と天国について、お話ししてきました。

その後も「死」と生還とをくり返して、最終的には五度の臨死体験をすることになるのですが、そのたびに訪れる宇宙、そして天国の姿はいつも同じです。

二度目から五度目までの臨死体験は、次の章でくわしくお話ししますが、私はあの世を旅することで、多くの気づきを得てきました。

その気づきとは、ひとつは**「死は決して怖いものではない」**ということ。

そしてもうひとつは、**「人間とは、不完全であるがゆえに、愛すべき生きものである」**ということです。

つまり、「死」を体験することで、人間とその「生」に対して一定の距離を置き、客観的に見る目を持つことができたのです。


人間は、思ったことを正直にいえなかったり、その逆に、思ってもいないことを口走ってしまったりする生きものです。

それはたいてい、それぞれの人が背負ってきたしがらみだとか、子どものころに教えられた常識にとらわれてしまっている結果であって、それらを守るために事実を歪曲《わいきょく》させてしまうのです。

たとえば、みなさんはこんな経験がありませんか？

仲のよいお友だちと食事に行って、レストランで供された料理を食べているときに、そのお友だちがこっそりと、

「ここの料理、あまりおいしくないね……」

そういったとします。

しかし、実はそのレストランはあなたのお気に入りで、何を食べてもおいしく感じられる。

それなのに、思わず、

「そうだね。あんまりおいしくないね……」

なんて、ついつい意見を合わせてしまうのです。

味覚というものは、徹底的に主観的なものですから、あなたが好きな料理をお友だちがまずいと感じるようなことは、いたってふつうのこと。ところが、大好きなお友だちとの空気を守りたいあなたは、思わず心にもない相づちを打ってしまうわけです。

一見、これは哀しいことに思えますが、いつのころからか、私は違った見方をできるようになりました。

この哀しさこそが、いわば「人間らしさ」だと感じられるようになったのです。

そんな人間らしさ、人間くささを、私は「死」を経験することによって、客観的に見ることができるようになり、

「人間は面白いな!」

「人とは、愛すべき存在だなあ……」

と感じるようになりました。

そう、私は死ぬことによって、私自身をふくめたすべての人を愛おしく思う愛が生まれ、深まったのです。

この世に生きていると、ついつい愛を忘れてしまいがちですが、死を迎えた人はみんなその愛に到達することができ、完全なる心の平穏を手にします。ですから、天国でおだやかに過ごすことができます。

もし**生きている間に、この愛に気づくことができれば、死を経験しなくとも、どのような境遇の人であろうと、心おだやかに生きることができます。**

すると、この世が「天国」になります。

この本を通して、私がみなさんにお伝えしたいのは、その「愛」です。

いまも忘れない母の「この教え」

人生……といっても、それを語るには、私はまだ七六歳という若輩《じゃくはい》ですので、大きなことはいえません。

しかし、ひとりの人間の価値というのは、お金を持っているかどうかは関係ありませんし、もちろん社会的な地位も問題ではありません。

過去に何をしてきたのかも関係ありません。

「私はたくさんの人を傷つけてきた人間だ」

「親、兄弟に迷惑をかけ続けて、妻も泣かせてばかりの人生だ」

「許されない罪を犯してしまった」

もしあなたが、そんなふうに悔やんでいたとしても、あの世では心配いりません。

あの世では、どんな人も同じ、みんな平等です。

ましてや、「地獄に落ちる」などということはありません。

どのような罪を犯した人間でも、死んだら例外なく天国に旅立ちます。この世でいいことをしようが、悪いことをしようが、あの世では関係ありません。

私が見てきた天国では、大統領であろうと、ホームレスであろうと、ウソつきであろうと、この世では許されないような罪深い人生を送った人であろうと、みんな同じ平和な微笑みをたたえて浮遊していました。

もちろん、私は犯罪を肯定しているわけではありませんが、あの世というものは、人間の社会がつくり出した理屈など、問題にならないほど次元が高いところです。

大いなる愛の前では、私たちはすべて同じ、小さな存在にすぎないのです。

私の母は、よくこんなことをいっていました。

「人間の身体は、本来、一二五歳ぐらいまで生きられるようにできているのよ。それでも、たとえ何歳まで生きようが、人生はとてもちっぽけで、手のひらに乗るくらい儚《はかな》いものなんだよ」

人生はちっぽけで、手のひらに乗るくらいはかないもの……。

私は母から、この言葉をくり返し聞かされて育ちました。

私の大好きな『西遊記』に出てくる、世界はお釈迦さまの手のひらに収まるという世界観にも似ていますが、母は人間の存在の小ささを語ることで、とてつもなく大きな、宇宙的ともいえる世界観を教えてくれたのです。

そして、ちっぽけだからこそ、精いっぱい、のびのびと人生を謳歌《おうか》するよろこびを私に伝えたかったのだと思います。

私は五度の「死」を経験することで、この母の教えがいかに確かなものであったかを実感しました。
次は、私がみなさんにお伝えする番です。

人生は手のひらに乗るくらいちっぽけなもの

人間の一生は、三歳で夭折《ようせつ》しようが、一〇〇歳で大往生しようが、宇宙的視野で見れば同じ「一億分の一秒」にすぎません。

人生はジャスト・ワン・セカンド、ほんの一瞬です。

だからこそ、私たちは毎日を楽しく、のびのびと人生を謳歌するよろこびを追求すべきだと思うのです。

そして、私たちひとりひとりが自分の使命、つまりこの世界に生まれてきた意味を考え、それに応えるべく、一生懸命に「生き切る」こと。

それが「生」を輝かせる秘訣なのです。

人間は、この世でどんな生き方をしようとも、「死」を迎えた時点で、すべていったんゼロになります。

人間の身体は、素粒子という小さな粒が、まるで雲のように集まってできています。世界に七三億人の人がいれば、それは七三億個の雲が浮いているのと同じです。

人は死ぬと、その雲が散らばるように、素粒子へと戻ります。

やがて宇宙に散った素粒子が、ぶつかり合います。プラスの素粒子には、マイナスの素粒子が、マイナスの素粒子には、プラスの素粒子が引かれて集まっていきます。

それはしだいに細胞を形づくり、さらにその細胞たちが血液細胞をつくり、血液細胞が体細胞をつくっていきます。

それをくり返すことで、また新しい人間が誕生するのだと、私は考えています。

ちなみに、この素粒子の配合こそが、その人の個性を形づくります。

どんな配合で、何がどれだけ加えられていくかで、どんな人種になるのか、どこに生まれるのか、どんな容姿になるのか、どんな性格になるのか、決まることになります。

仏教でいう「輪廻転生」とは少々異なる考え方ですので、びっくりされた方もいらっしゃると思います。

しかし、心配は無用です。
あの世には絶対的な平和しかありません。
いずれにせよ、怖いことなどひとつもないのです。
重ねていいます。
死は、決して怖れるものではありません。

第2章

その後の臨死体験

あなたの「使命」はなんですか？
それが見つかると、
人生はもっと楽しくなるよ。

臨死体験ふたたび

二度目の「死」を体験したのは、私が二〇歳のときのことです。

ロシア人とユダヤ人、そして日本人。三つの人種の血を受けて生まれたことから、一〇代までの私は、ずっと人種差別的ないじめを受けていました。

その当然の結果として、私には友だちがあまりいませんでした。

しかし、二〇歳ごろになると、赤毛が徐々に日本人のように黒くなってきて、人種的な違和感が薄くなったのか、幸福にも友だちが増えていきました。

そんなあるとき、私の大切な友人のひとりが大病を患ってしまったのです。

そこで、友人仲間で治療費のカンパをして、集めたお金を彼が入院する病院に持っていこうという話になりました。

あとから考えれば、まず私たちはそれぞれの両親に相談するべきだったのでしょう。

しかし、そこはよくある若気《わかげ》の至り。

「僕たちの力で、彼を助けよう！」

と、半ば熱くなっていた未熟な私たちは、それぞれお金を稼ぐために、さまざまなアルバイトをすることにしました。

ある友だちは工事現場で汗だくになって働き、またある友だちはレストランで皿洗いをしましたが、

「少しでも、給料のいいところがいいな！」

と考えた私は、大きなリスクと引き換えに高給をくれる、危険なアルバイトにチャレンジすることにしたのです。


いまでは考えられないこと……いや、当時でも考えられないことですが、私がある人から紹介されたアルバイトとは、なんと**パラシュートのテスト飛行をする**というものでした。

もちろん、仲間内ではダントツに高い給料をもらえる、相当に割のいいアルバイトでしたが、危険がともなうせいか、あまりおおっぴらに募集はしていなかったようです。

テスト飛行をする場所は、東京近県のある海上で、当日、私は一〇数人の参加者とともにパラシュートを背負って飛行機に乗り込み、ある訓練所のようなところの滑走路からテイクオフしました。

やがて、空に舞い上がった飛行機がある高度に達すると、みんな次々と飛び立っていきます。私の飛ぶ順番は、最後でした。

死のスカイダイビング

もともと私は気が小さいほうですから、徐々に自分の順番が近づいてくると、どうにも心配になってきました。そのふくれ上がる恐怖心から、

「パラシュートが開かなかったら、どうなるのですか?」

と思わずスタッフに聞くと、彼はこともなげに、

「これは、事故なんて一度も起こしていない最新鋭のすばらしいパラシュートだよ。まったく問題ないさ。必ず開くよ」

と答え、次のような説明をしてくれました。

飛行機から飛び降りて、紐《ひも》を引けば大きなパラシュートがすぐに開き、

「バンッ!」

と大きな音がすると同時に、君の身体はふわりと宙に浮かび、あとは優雅に飛行を楽しみながら、地上に降り立つだろう……。

そういって、笑顔で力強く親指を立ててみせました。

しかし、人間は過ちを犯す生きもので、完璧などありえません。

どうしても、恐怖心をぬぐい去ることのできない、臆病な私は重ねてたずねました。

「万一、アクシデントで大きなパラシュートが開かなかったら、どうなるのですか？」

彼は、私の気弱さを笑うように首を振り、こういいました。

「万が一にもパラシュートが開かないことはないけど、今日の君が人生最悪の運勢で、パラシュートが開かなかったときのために、もうひとつ、予備のパラシュートがちゃんと搭載されているんだ。そのときは、この左手のタグをグイッと引けば、やっぱり君は優雅な空の旅人になれるだろう」

そういって、彼は私の肩をポンポンと叩《たた》いたのです。

といっても、大きなパラシュートが開かないようなことが起こるとすれば、予備のパラシュートだって……と考えてしまうのが人情です。

私は彼の表情をうかがいながら、恐る恐るたずねました。

「じゃあ、その予備のパラシュートが……」

と、私がいい終わらないうちに、苛立った彼の怒声が響きました。

「おとなしく死にやがれっ！」

次の瞬間、彼の怒りから逃れるように、私は慌てて飛行機から飛び降りました。

海面に激突する瞬間、私の身体に起こった現象とは……

アッという間に飛行機から遠ざかり、すさまじい空気圧に耐えながら、私はパラシュートの紐を力いっぱい引いた。

しかし、私を優雅な空の旅人にしてくれるはずのパワーを、身体に受けることはなかった。

下から吹き上げる上昇気流に逆らうかのように、強烈な風を受けながら、私は思わず失禁したのを覚えている。

股間に広がった尿の熱を、私は熱湯を浴びたかのように熱く感じた。

「悪い予感が当たってしまったか……」

そう思いながら、スタッフに教わったとおりに、左手の予備パラシュートのタグを引いたが、それはなんの抵抗もなく、するりと抜けたのだった。

「ああ、やっぱりな……」

どこかあきらめに近いような安堵感《あんどかん》が広がるのを感じながら、私は加速度をつけて、海面へと落下していくのだった。

ところが、海面に落ちても私の身体が木《こ》っ端《ぱ》みじんに砕けることはなかった。

パラシュートのテストをするほどの上空だから、かなりの高度があったはずで、私の身体が原型をとどめているのは奇跡を通り越して、常識的に考えれば魔法のようなものだろう。

しかし、私の身体はもとのまま、引き上げられることになったのだ。

死んではいたが、それは最初の臨死体験と同じ、一時的なものとなった。

「あなたは、まだ死んではいけません」

そんな声を耳にしたわけではないが、若いながらも私は、薄々自分の運命に気がつきはじめていたような気がする。

「僕は死を経験しなければならない運命なのかもしれないな……」

この事故のあとに、私はそう思うようになった。

大いなる力が私を殺し、私を生かそうとしているのだ。


海面に衝突する瞬間、私は自分の存在が素粒子に戻るのを感じた。

近づく大海原《おおうなばら》を凝視しながら、私の身体は六〇兆個の細胞に分解され、さらに細かい素粒子となった。


もちろん、それは一瞬のできごとで、一億分の一秒にすぎない。

しかし、その一瞬のできごとを私はゆったりと見据え、味わったのだった。

素粒子に戻った私の身体は、まるで桜の花びらがひらひらと舞うように、やさしく海面に落ち、静かに海に浸透した。

そう、大きな質量をともなった個体として激突したのではなく、地球上でもっとも小さく、軽い存在に戻って、海へと向かったのだ。

だから、私の肉体は砕け散ることなく、海を漂うことになったのである。

そして、海中に散った素粒子は、また一瞬にして細胞に戻り、その細胞たちも瞬く間に肉体をふたたび形成した。

肉体に戻らずに、あたりを浮遊していたのは、その一部始終を目にしていた私の魂だけだった。

その後、海面を浮遊していた私の亡骸は、アルバイト先の社員たちによって発見され、引き上げられたが、彼らは、

「まるで、生きているようじゃないか！」

「なぜ、彼の遺体は砕けなかったんだ？」

と、口々に驚きの声を上げていた。

やがて私の亡骸は人目を避けるように、港でボートから車に移され、どこかに搬送されていった。

……そして、この落下事故は、すべて極秘扱いとして処理された。

私をこの世に呼び戻した「意外な言葉」

あとから聞いた話ですが、パラシュートのテストを実施していた企業からは、

「息子さんのご遺体は、こちらで火葬をさせていただいて、お返しさせていただけないでしょうか。その代わり、当方ではできる限り、誠意を尽くさせていただきますので、どうかお願いいたします」

という申し出があったそうです。

つまり、巨額の慰謝料と引き換えに事故はなかったことにしてほしいという、示談の提案があったのです。

しかし、そのとき父はこういってくれたそうです。

「お金は一切いりません。事故のことも、すべて忘れます。しかし、息子の遺体だけは返してください。そのほかのものは、何もいりませんので……」

渋々ではあったかもしれませんが、なんらかの書類を交わしたようで、企業は私の遺体の返還に応じることになりました。

新潟から上京した父は、氷漬けにされた亡骸をひっそりと引き取り、母方の祖父が経営する治療院の東京分院に運びました。

そして、その分院に集う人々とともに、私の生還のためのヒーリングをおこなってくれました。

きっと、七歳のときの臨死体験と同じように、**私の「死」が一過性のもので、浮遊している私の魂が肉体に戻ることを、父は確信していた**のだと思います。

そして、氷漬けにされた私の遺体を前に祈りが始まった……

父が確信したとおり、私の魂は肉体から離れてはいたが、その近くを浮遊しており、父と一緒に祈りを捧《ささ》げてくれている人たちを、少し上のほうから眺めていた。

人々の表情は、一様に暗かった。

「泣きたい気持ちでも、泣くことが許されない」

そんな空気が部屋には満ちていた。

愛する息子の亡骸を前にして、その父が生還を信じて、一心不乱に祈っている……その気持ちを理解してくれていたのだろう。

まだ若かった私は、七歳のときと同じように、やはりこの光景を素直に受け取ってはいなかった。

「お父さん。ここに寝ているのは、僕ではないよ！」

氷漬けになって横たわる、みずからの肉体を指さしながら、未熟な私は父に語りかけた。しかし、その声が伝わる気配はいっこうにない。

「みなさん、私はここにいます！」

そう叫んでみても、注意を向けてくれる人はいなかった。

私の声に耳を傾ける人がひとりもいないことに、私はいらだちもしたが、やがて不思議な体験をすることになる。

それは、その場にはふさわしくないような、母が放った言葉だった。

母は、するすると前に出て、氷に抱かれて横たわる私の前にひざまずき、血の気のない真っ白な私の顔を見下ろしながら、突然こういったのだった。

「健ちゃん！　あなた、いったいどこに行ったの？　二〇歳になったバースデー・パーティーをするんでしょう？　あまり帰りが遅いと、あなたの大好きなすき焼き、みんなで食べちゃうわよ！」

まるで、夕方遅くまで外で遊んでいる子どもを呼び寄せるようなことをいったのだ。

すると、突然浮遊している私の意識が強く反応して、思わず私はこう叫んだ。

「だめだよ、母さん！　すき焼きは僕も食べるんだ！」

大声をあげた瞬間、私の魂はとてつもなく強い力で、横たわる肉体に吸い込まれていったのだった。


……私の魂を呼び寄せた母の声とは、いったいなんだったのか？


とてもお恥ずかしい話なのですが、母からすき焼きの話を聞いたとたん、思わず、

「だめだよ！」

と叫び、その瞬間に肉体に戻り、生き返ってしまったのです。

魂が戻ってからも、すぐには身体を動かすことはできませんでしたが、私が突然目をカッと開いたので、周囲のみなさんは飛び上がるようにして、驚いていました。

しかし、この母のひと言は、実は母の声ではなかったのです。

その声の正体は、のちほど、天国でのできごとのあとにお話ししましょう。


これが、私の二度目の臨死体験です。

予備のパラシュートの紐が抜けたときに、

「パラシュートが開かない！」

という焦りは一瞬覚えましたが、それでも不思議と、このまま自分が死ぬのだという恐怖は感じませんでした。

落下しながらも、どこかゆったりとしていて、**怖いどころか、むしろとても気持ちよくて、満ち足りた幸福感があった**のです。

私としてはとくべつな体験をした印象があまりなく、起こるべくして起こったできごととして心に刻まれ、その後、ほかの人にこの体験を話すことはありませんでした。

「神さま」との再会

このとき見た天国の情景は、七歳のときとまったく同じでした。

前かがみ気味の多くの人たちが、裸足《はだし》のまま、微笑みをたたえて歩いています。

世界は霧がかかったようにぼやけていて、赤とか黄色などの、刺激的な色彩はまったくありません。

すべてはモノクロか、セピア色のような世界です。

七歳のときと同じ、美しい女性のような姿をした神さまが、天国で暮らすみなさんに「ゴッド」と呼ばれながら、私の前に現れました。

「あなたは神であり、愛であり、パワーであり、ビリーブだ！」

と、周囲のみなさんからいわれており、崇拝されている存在のようですが、やはり私にはその人が神さまだとは思えませんでした。

「僕には、やっぱりあなたが神であるとは思えません」

すると、神さまは微笑みながら、こう答えました。

「まったく進歩していないのね……。あなたは、ここに来るのはまだ早いですよ。すぐにお帰りなさい」

「帰るといっても、ここにはエレベーターも階段もないんですよね。天国は雲の上にあるのではなく、僕が生きている世界と同じところにあるんでしょう？」

「そのことは、覚えていたのね。そうよ、**あなたの世界とこちらの世界は、見えないだけで、すぐ近くのところにあるの**。だから、あなたはエレベーターや階段で降りる必要はないし、すぐに帰ることができるのよ」

「どうやって、帰るの？」

「誰かが合図をくれるから、その合図があったときにすぐに帰れるわ」

そう、その合図こそが、私の母の「すき焼き」という言葉だったのです。

その後、私は回復して、もとの生活に戻りました。

そして、しばらくして母にたずねました。

「お母さん。僕がパラシュートで死にかけたとき、『誕生日ですき焼きをするけど、遅くなると食べちゃうわよ』って、氷の中の僕に話しかけたでしょう？」

すると、意外な言葉が返ってきました。

「そんなこと、私いってないわよ！」

母の返事を耳にして、

「これはいったいどうしたことだろう……」

と私は考えました。

そして、このエピソードにも素粒子が深く関係していることに気づいたのです。


私たちの身体の最小単位である素粒子には、生きる力を生み出す「素生力《そせいりょく》」というパワーが秘められています。これは私の造語です。

あの「すき焼き」は、私の素生力に響く周波数だったと考えれば説明がつきます。

つまり、誰かから送られた合図が、私には「すき焼き」と聞こえましたが、人によっては「卵焼き」だったり、「愛している」だったり、さまざまな言葉に聞こえるのです。ですから、どんな言葉に聞こえるかは問題ではありません。

「すき焼き」と聞こえた波長が、私の中に存在している素生力に響いて、ふたたび生命を身体に吹き込むように働きかけたということなのだと思います。

その結果、私はよみがえり、目覚めることができたわけです。

天国で神さまがおっしゃっていた「合図」とは、**素生力を呼び起こす誰かからのメッセージ**であると確信しました。

三度目の臨死体験

続く**三度目の臨死体験は、四五歳のときのこと**でした。

私はこの間、三八歳のときに父を亡くし、その翌年に母を亡くしました。

父は九九歳でしたが、死ぬ間際に私にこういい残しました。

「お前は、アメリカに渡りなさい。アメリカには、日本以上に病に苦しむ人が多いのだよ」

父の死後、母は遺産を整理して、そこからいくばくかのお金を私にも分け与えてくれたのですが、遺言とはいえ、私はなかなか渡米の決心がつきませんでした。

しかし、父に続いて母も亡くした私は、父の思い、母の思いの重みが心に積もり、当座のお金として五〇万円だけを手に、三九歳のときにアメリカに行く決心をしたのです。

それから数年間、ニューヨークで必死になって働きました。やがて自然療法医の資格をとり、マンハッタンで「本草閣自然療法センター」を設立して、今日に至ります。

このとき、四五歳の私は、ニューヨークでの仕事をお休みして、カリブ海に浮かぶイギリス領のヴァージン諸島に遊びにきていました。

そこはイギリス人のセレブが集う高級リゾートで、海の中が大好きな私は、趣味であるスキューバ・ダイビングに興じていました。

そのときは、スキューバ歴ウン十年といったベテランのダイバーのみなさん、約一〇名の方々とともに潜《もぐ》り、束の間の休日を楽しんでいたのです。

ヴァージン諸島の海は、竜宮城のように美しいところです。

かなりの水深のところまで潜っていくと「サーディン・ラン」と呼ばれる、無数の小魚の群れがつくり出す「魚の壁」に遭遇しました。

日差しをもさえぎるような密度で魚たちが泳いでおり、その魚影の高さは二メートル以上もあります。

まるで宇宙の天の川を見ているようでした。すばらしく美しい自然の姿を目の当《ま》たりにした私は、感動で胸をいっぱいにしながら、海底から見上げる魚たちのショーに目を奪われていました。

すると、突然その魚の壁を切り裂くように、大口を開けた巨大な魚が私に迫ってきたのです。

とても大きな一匹のサメで、よく見るとお腹がぷっくり膨れています。

それは、もっとも危険な妊娠中のメスのサメだったのです。

ふだんは冷静なタイプの私ですが、突然目の前に現れたサメの姿にショックを受けてしまい、とにかく浮上しようと全力で海面に向けて泳ぎだしてしまいました。

これは、大きな失態です。

私も熟知しているスキューバ・ダイビングの基礎なのですが、急浮上による急激な水圧の変化はたいへん危険であり、本来、浮上するときには、とにかくゆっくり浮上しなければならないのです。

しかし、このときの私はすっかり慌てていて、ようやくボートの船底が数メートル先に見えたとき、このダイバーの基礎中の基礎をはじめて思い出したのです。

「ああっ、こんなに早く浮上しちゃダメだ!」

そう思ったのですが、時すでに遅く、**私は勢いよく船底に頭をぶつけ、「即死」してしまいました。**

不思議な女性が現れて、即死したはずの私をよみがえらせた……

同じツアーに参加していたベテランダイバーたちが、私の急変に驚いて、すぐに海に飛び込んだ。

彼らは、すぐに私の身体をボートに引き上げると、背中のタンクを下ろさせた。

表情はみな一様に絶望感に満ちていたが、それでも懸命に蘇生処置を続けてくれたのだった。

やがて一艘《いっそう》の小型ボートが現れて、いっこうに息を吹き返す気配のない私の身体はそちらに移された。

医師が診るまでもなく、結果は一目瞭然だった。

私の全身は真っ白で血の気がなく、瞳孔も開きっぱなしだった。

幽体離脱をして、その様子を上から見下ろしている私自身にも、その身体はすでに「亡骸」であることがよくわかった。

「また、私は死んだのだな……」

そう思いながらも、きわめて落ち着いた状態で、面倒に巻き込んでしまった人たちを静かに見下ろしていた。

さらにまずいことに、私は身元を証明するものを一切携帯してなかったようで、周囲の人々は私が何者なのかもわからない状況におちいっていた。

見た目だけでいえば、アジア人らしくもあり、また欧米人らしくもある亡骸を前にして、

「いったいどうしたらいいのだ！」

と困惑するばかりの人々に、私は申し訳ない気持ちでいっぱいだった。


私の亡骸を乗せたボートは帰港して、そこに検死をするために、近所に住む医師兼任の漁師という男性が呼ばれてきた。

彼は、私を見るなり、

「死んでいる」

とだけつぶやくと、私の亡骸を車で病院に運ばせて、検死をはじめたのだった。

検死の結果は、水圧の急激な変化により、肺が損傷し、心臓は心不全を起こしているとのことだった。

ボートに頭をぶつけた際に、脳挫傷も起こしたようだ。

検死が終わると、病院関係者が私の亡骸を取り囲み、何やら相談ごとをはじめた。

聞こえてくる話によると、身元不明とはいえ、死亡届は出さねばならず、彼らは途方に

くれているようだった。

彼らが輪になって相談する様子を眺めながら、つくづく申し訳ない気持ちになったが、それでも死んだ私の魂はおだやかなままである。


しばらくすると、そこにひとりの女性がふらりと現れた。

イタリア系に見える容姿をしている美しい女性だ。

グラマーな体形で背が高く、赤毛にブロンドが混じったような髪の色をしたその女性は、白っぽいワンピースを身にまとい、カラフルなスカーフを身につけていた。

彼女は、私の亡骸を取り囲んで途方にくれる彼らに、こう告げたのだ。

「この方は、すでに亡くなっています。すぐにお祈りをしないといけません。しかしここでは、祈りを捧げることができませんので、私の教会に連れていってもよろしいでしょうか？　もちろん、お祈りが済みましたら、またこちらにお戻ししますので……」

ふつう、このような提案が病院で通るはずがないのだが、なぜか周囲の人々は彼女のいうことを素直に受け入れてしまい、やがて、

「お願いします」

と異口同音《いくどうおん》に承諾したのだった。

私はこの様子を見下ろしながら、

「この見知らぬ女性は、いったい何者なのだろう」

と思ったが、不思議なことに不安を感じることはなかった。

私の亡骸は、周囲の人たちの手で彼女の車へと運ばれた。

ほかに人は乗っておらず、彼女自身が運転して走りはじめた。やがて到着したのは教会ではなく、彼女の自宅のようだった。


彼女は、軽々と私の亡骸を部屋に運ぶと、上から抱きかかえるようにのしかかり、こうささやきかけたのだ。

「あなたは、まだ死んでいません。あなたの身体は事故のショックで、呼吸器官に毒が入り、さらに頭や内臓を損傷して死んでしまったけれど、あなたの魂は死んでいないのです。私がお祈りをして、こちらに帰しますから……」

そういうと、ひたすら祈りの言葉をくり返したのだった。

祈るときに、手で十字を切るしぐさを見せたので、クリスチャンなのだろうか。

私はこの彼女の言葉を聞いて、

「ありがとう……」

と思わず口にしたが、私の亡骸は静かに横たわったままだ。

やがて祈りを終えると、彼女はふたたび私の亡骸を軽々と抱きかかえて車に運び、もとの病院に戻しにいった。


彼女の家で起きたことは一瞬のことだったようで、車で病院に戻ると、先ほどの人々はまったく同じ様子のまま、まだそこにいた。

彼女が私の亡骸をもとの位置に戻すと、そこにいる人々はなんの疑問もないように、自然とそれを受け入れたが、彼女が姿を消したとたん、突然夢から覚めたように騒ぎはじめた。

「なっ、なんだ！　いったい、いま何が起こったんだ？」

「おい！　いま何時だ？　えっ、まったく時間が進んでいないじゃないか！」

「誰か来たような気がするが……思い出せない！」

急に我に返った様子で口々に話している。彼女のことを誰も思い出すことができていない様子だ。

やがて、彼らの手によって、私の亡骸はビニール製のシートで包まれ、そのまま一室に安置された。

その様子を見下ろしながら、

「まだ僕は、死んでいないんだ!」

と叫んでみたのだが、その声は彼らの耳に届くことはない。

夜がふけるにつれて、病院からは次々と人がいなくなり、部屋の明かりも落とされた。


……やがて、私の魂は身体に吸い込まれていくように戻った。


誰もいなくなった一室。

私の身体に徐々に力が戻ってきて、ようやく起き上がることができました。

しかし、ビニール製のシートにくるまれた私は、一切服を身につけていなくて全裸です。

自分の服のありかもわからないので、しかたなくその病院にあったほかの人の服を拝借して、病院をあとにしたのです。


このときも、私は天国で神さまにお会いしました。

「あなたは、本当に不注意ね。いつまでも、こんなことしていてはダメですよ」

いつもの微笑みを浮かべた表情で、姉からやさしく叱られるような感じで語りかけられると、すぐにもとの世界に戻ることができました。

四度目の臨死体験

四度目の「死」を経験したのは、ヴァージン諸島の事故から五年ほど経ったころのことですから、私は五〇歳になろうとしていました。

そのころの私は、ニューヨークへ完全に移住していました。

住んでみると、意外と多くの日本人に出会います。ニューヨークに住んでいるのは、アメリカ人ばかりだと思っていたので、私はとにかくうれしくなり、街ですれ違っただけの見知らぬ日本人にも、

「あなたは日本人ですか！　日本の方に会えてうれしいです！」

などと声をかけて、相手を驚かせたりしていました。

袖《そで》振り合うも多生《たしょう》の縁とはよくいったもので、声をかけた見知らぬ日本人の方に、ごはんを

ご馳走《ちそう》になることも、たびたびありました。

そのような感じで、私はニューヨーク在住の日本人にお会いする機会が増えていったのですが、英語がほとんど話せないという方も多く、

「日本のテレビ番組を見たい！」

という声が上がっていました。

そこで、当時の私はテレビ局に知人がたくさんいたので、彼らにお願いして、日本の時代劇のテープを借り受け、それに英語の字幕をつけて、ニュージャージーのテレビ局で再編して放送するようにしたのです。

すると、その放送が徐々に評判になり、多くの日本人によろこばれるようになったのですが、やがてアメリカ人も面白がって見てくれるようになりました。

もちろん、いくばくかの視聴料はいただきましたが、この取り組みは「ビジネス」というよりも「コミュニティサービス」の一環として手がけた事業で、日本のよさをアメリカ人にも伝えつつ、日本人の需要に応えていこうというものでした。

この放送は順調に視聴率を上げていき、好調を維持していきました。

事故が起きたのは、そんなある冬の夜でした。

私が手がけていた番組は、夜一〇時からの放送でしたので、テレビ局からの退社時間は、いつも深夜〇時ごろになります。

その時刻になると、同僚が声をかけてくれます。その日も、

「じゃあ、私たちは帰るね。ケンはどうする？　今夜は大雪になるから、早く帰ったほうがいいよ！」

「大丈夫。ひとりで帰れるよ」

「オーケー」

そんなやりとりをして、同僚たちは次々と帰宅していったのですが、テレビ局にひとりになってから、私は重大なことに気がつきました。

ふだん私は自分の車で通勤しているのですが、その日に限って、出勤時は友だちの車で送ってもらっていたので、帰りの足となる車がなかったのです。

「しまったなあ……」

後悔した私でしたが、テレビ局の戸締りをすると、しかたなく〇時すぎに懐中電灯を手にしてバス停へと向かいました。

死は「運命」だったのか?

いま思うとおかしな話なのですが、このテレビ局があったのは山奥で、深夜〇時すぎに路線バスなど走っているわけがありません。

もちろん、私はそのことを知っていましたし、ふつうはバスがとっくに終わっていることに気がつくはずです。

しかし、なぜかこの夜の私は、雪の降りしきる中、バス停に向かってしまったのです。

あとから確信したのですが、これが運命というものです。

きっと、**私にはその先にある「死」を経験する必要があり、そこに私の使命があった**のだと思います。

もちろん、当時の私にはそんな意識は毛頭なく、降りしきる雪の中をとぼとぼと歩いて、バス停に到着しました。

私は生まれ育った新潟で、いくたびもの豪雪を経験しているので、とくにその晩の大雪を気にとめていなかったのですが、同僚の友人たちは相当に警戒していて、冷え込みに負けないようにと、

「寒いから、ウイスキーかウオッカでも飲もうか？」

といって、体を温めるお酒を飲みながら仕事をしていました。

私もお気に入りのウオッカを少しだけ飲んでいたので、それがこの事故に結びついた一因かもしれません。

とっくに最終バスが行ってしまったバス停で、ひとり来るはずのないバスを待つうちに、雪はどんどん強くなり、それはやがて肩先に何センチも積もってしまうような猛吹雪になってしまいました。

さらによくないことに、少量のお酒がまわっていた私は、そのままそこで眠ってしまったのです。

当たり前のことですが、その後は車もまったく通ることなく、私はそのまま朝を迎えてしまいました。

またも現れた「あの女性」

翌朝、出勤してきたテレビ局の同僚が、バス停に雪だるまのようなものがあることに、はじめて気がつきました。

「なんか、様子が変だな……」

と思い、雪を少しどかしてみると、中に凍っている人間がいることがわかり、大騒ぎになりました。

私は病院に救急搬送されましたが、「凍死」と確認されました。

凍死した私をよみがえらせたのは、またしてもあの女性だった……

肉体を離れ、魂となった私が見下ろしているのは、血の気がなく、白を通り越して、土色になった私の亡骸だ。

その亡骸は、グリーンの袋に収められ、ストレッチャーに乗せられていた。

周囲を医師と看護師が取り囲んでいたが、彼らは何をするでもなく、途方にくれているように見える。

そこに、どこから現れたのかわからないほど自然に、ひとりの女性がスーッと姿を現し、彼らの輪に加わったのだ。

彼女には、見覚えがあった。

そう、彼女はスキューバ・ダイビングの事故で私が死んだときに現れ、私をよみがえらせてくれた、あの女性だったのだ。

イギリスのヴァージン諸島に現れた、あのイタリア系の美しい女性が、こうしてニューヨークの病院にも姿を見せたのだ。

そして、凍りついた私の亡骸を囲む医師や看護師たちに、こう告げたのだ。

「すぐにお祈りを捧げないと、彼の命が取り返しのつかないことになります。彼の身体は、しばらく私が預かります。いいですね?」

すると、そんな提案が救急病院で受け入れられるはずもないのに、やはりあのときと同じように、医師や看護師たちはあっさりと、

「お願いします!」

と認めてしまったのだ。

幽体離脱をしていた私は、その一部始終をデジャブのように眺めていた。

彼女は私の身体をふわりと抱きかかえて車に運ぶと、やはり教会ではなく、彼女の家に連れていった。

私の冷たい亡骸が運び込まれた屋内には、暖炉がたかれており、ポカポカしている。

彼女は、はさみを手にすると、私の服を切り裂き、半身を裸にした。

「いったい何をはじめるのだろう……」

そういぶかしみながら眺めていると、次には彼女自身が服を脱ぎ、同じように上半身裸の状態になった。

彼女は、私の亡骸の上にやさしい手つきで毛布をかけると、彼女の上半身を私の上半身に静かに重ね、みずからの体温で私を温めようとするのだった。

裸の女性がピタリと身を寄せたことに、私は少し驚いたが、亡骸はいっこうに目覚めることはない。

彼女にされるがままにしていると、やがて彼女の体温が私の中に入ってきた。まるで雪解けのように、凍った部分がほぐれていくのが、その様子を上から見ている私にも伝わってくる。

彼女は自分の身体が冷えると暖炉の前に行き、しばらく身体を温めると、ふたたび私に重なった。

私の感覚では、二時間ほど彼女はそれをくり返してくれていた。

そのころには、氷そのものとなっていた私の亡骸はしなやかに解けていて、どこか解放された感覚が宿っていた。

「もう、大丈夫ね……」

そうつぶやくと、彼女は私をふたたびグリーンの袋に包んで車に乗せ、そのまま病院に戻ったのだった。


病院に戻ると、彼女は私の亡骸をストレッチャーの上に戻した。

医師や看護婦たちは、

「お待ちしていました」

という感じで、すんなりと迎えた。

すると、彼女は周囲の人々にこう告げたのだ。

「しっかりとお祈りを捧げました。彼は無事に天に召されましたので、安心してください」

いい終えると、彼女はすぐに病院から姿を消した。

すると、以前の臨死体験のときと同じように、医師や看護師たちは急に我に返った。

「いったい、どうしたんだ？」

「彼女は誰なんだ！」

「車のナンバーは？」

そんなことを叫び、病院は大騒ぎになったのだ。

「今度は、あの女性の存在じたいは覚えているみたいだな……」

右往左往する彼らを見下ろしながら、私はそう思った。

ヴァージン諸島のときとは異なり、彼らは、私がテレビ局に勤務する日本人ということを知っていたので、

「日本人であれば、遺体は火葬にしなきゃいけないぞ！」

などと、その後の段取りについても、話していたのをよく覚えている。

やがて病院は落ち着きを取り戻し、夜ふけになると彼らは次々と家路につき、私の亡骸の周囲にはひとりもいなくなった。

するとようやく、一部始終を眺めていた私の魂は、肉体へと戻った。そのとき私は、ストレッチャーではなく、棺桶《かんおけ》のようなものに入れられていた。

その中でしばらく静かにしていると、徐々に体力が回復するのがわかり、やがて力がみなぎってきて歩けるようになった。

私は、そっと病院を抜け出し、ひとりで自宅に帰った。

……しかし、なぜか緊急搬送された事実じたいが忘れ去られることになった。

翌日、私は事故の情報を知りたくなり、やや変装するように装いを変えて、同じ病院に知らん顔をして行ってみたのです。

しかし、病院の関係者に昨日の事故のことをたずねてみても、なぜだか私のことを誰も覚えていません。

昨夜のことは、

「ちょっと不思議なことがあったらしい……」

という曖昧な認識にとどまっていて、病院は平常運転そのものでした。

もちろん、私を救ってくれたイタリア系らしい女性のことなど、誰も覚えていません。

私はすでに自分の運命に気がついていたので、病院の人々が私の事故や死、そして救世主の女性のことを覚えていなくても、驚きはしませんでした。

「私は大いなる力によって、経験すべきことを経験させられているに違いない」

あとは、その経験をどのように使命として生かすのか、という問題があるだけです。

ちなみに、このときもまた、天国で神さまにお会いしました。

「まだ、天国に来るのは早い。すぐに戻りなさい」

五年前とまったく同じように、そう話をされて現実世界へと帰されました。

当時の私は独身でしたので、自分のアパートに戻ると、四〜五日、寝たままで過ごしました。

そうして誰にも気にかけられることなく、日常に戻ることができました。

あの「有名歌手」の危機を救った!

私の治療院はマンハッタンがメインでしたが、やがてニューヨーク郊外にあるキャッツキルという山にも治療院を開業しました。患者のみなさんの愛のおかげで、私の治療院はたいへん繁盛していて、毎日いろいろな人がいらっしゃいます。

もちろん、いらっしゃるときには病に悩まされているわけですが、ほとんどの方が完治されてお帰りになるので、とてもよろこんでいただいています。

自分の使命に忠実に生きている結果として、多くのみなさんがよろこんでくれることほど、幸福なことはありません。

ある日、マンハッタンの治療院でこんなことがありました。

以前、私の治療を受けて、病気を完治された患者さんから連絡を受けました。

「歌手をしている友人がいるのですが、突然、彼女の声が出なくなってしまい、困っています。実は、二日後にコンサートを控えていて……ケン先生、彼女を診てあげてください！」

「オーケー！　彼女にすぐお越しになるよう伝えてください」

翌日、治療院に現れたひとりの女性を、私はさっそく脈診しました。

診断の結果、彼女はとくに腎機能が低下していました。

東洋医学の考えでは、腎臓は声をつかさどる臓器とされています。

私は彼女を診察台にうつ伏せに寝かせて、腎機能を回復させるツボに気を送りながら、鍼を打ちました。

「キャアーーーッ！」

あまりの痛みに、彼女はオフィス中に響き渡るほど絶叫したのです。

「グッド！　声が出ましたね！」

「ケン先生。あんまり痛いので泣きたいけど、泣くぐらいなら歌ったほうがいいかしら？　私は歌手だから」

「そうだね。歌うといいよ！」

私はそういって、彼女の背中に鍼を一〇〇か所ほど打っていきましたが、その間に彼女が口ずさむ歌に聞き覚えがあったのです。

「私、その歌を知ってるよ」

「先生、これは私の歌なのよ」

「そうなのかい。みんなが大好きな歌じゃないか！」

私は心の中で**「もしかしてこの方は有名な歌手なのかも……」**と思いました。

こうして治療を終えるころには、すっかり彼女の声は復活していたので、私は漢方薬を処方して彼女に持たせて帰らせました。

その翌日、一本の電話が私の秘書にかかってきました。

「ケン先生の今夜のスケジュールは空いていらっしゃいますか？」

診療は夜七時で終わり、そのあとはフリーであることを伝えると、数時間後に一台のリムジンが私を迎えにきたのです。

招かれるまま、その黒い車に乗り込むと、やがて車はマンハッタンのロックフェラー・センターへと到着したのです。

そこには、「ラジオシティ・ミュージックホール」という大きなコンサート・ホールがあり、私はそこの一席に招かれたのです。

広々とした会場は超満員で、熱気が渦巻いています。

やがて幕が上がると、**そこには、昨日治療を施した彼女が立っていた**のです。

「なんてことだ……」

私は息を呑み、やがて彼女が奏でる透明で、パワフルで、美しい歌声の波に打たれて感極まり、涙がとめどなくあふれました。

「ファンタスティック！」

コンサートが終わると、私はバックステージに招かれたのですが、そこには関係者が大勢集まっていました。

彼女は私の姿を認めると、人垣の合間をぬって小走りに駆け寄り、思い切りハグしてくれました。

「ケン先生、ありがとう！」

「すばらしかったよ。あんなに感動したことはない。君の歌声は天使だ！」

「みなさん！　この先生は私の恩人なの。彼のおかげで、今日歌えたのよ！」

私は関係者のみなさんから祝福され、次々と握手を求められました。

「まるでスターになったみたいだな……」

私の治療が彼女にもよろこばれ、彼女の関係者にも歓迎され、その結果、この会場に詰めかけたファンのみなさんにすばらしい時間を提供できたことにつながった。その事実に、とても大きな幸福感を感じたのです。

このときはじめて知ったのですが、**彼女は何度もグラミー賞を受賞されている、世界的に有名な女性シンガーのTさんだった**のです。

のです。

五度目の臨死体験

このエピソードだけでなく、治療院を訪れる患者さんと私には、このような愛の伝播《でんぱ》があるのです。

私の使命感の先にあるよろこびは、この「愛」に尽きます。

つねにその愛を感じながら、私は日々、さまざまな患者さんと接しているのです。

その日も、私はいつもと同じように愛を感じながら、次の患者さんをお待ちしていました。

マンハッタンからやってくる患者さんを迎えにいくことになっていたので、私の弟子である女性に留守番を頼み、私は車で出かけました。

彼女は若いお嬢さんなのですが、ヨガを極めているほどの実力の持ち主で、私の治療院でも医師のように、ピタリと脈拍のことがわかったり、患者さんの心臓とコミュニケーションしたりすることもできる特殊な能力を持っていて、弟子といいながらも尊敬している、そんな人物です。

アメリカの田舎道は、自治体の予算の問題で、道路の真ん中にはきちんとアスファルトを敷き詰めているものの、その両端の三〇センチ幅ほどは砂利と砂を固めただけという状態のところが珍しくなく、その日の私も、そんな田舎道を車でひた走っていました。

しかも、走っていたのは、ちょうど前日にできたばかりの道。踏み固められていない砂利のゾーンはまだやわらかく、スリップしやすい状態だったのだと思います。

ハンドルを繰りながら、ふと遠くに目をやると、どうやら大きなトレーラーが近づいてきています。

広い幹線道路ではなく、小さな田舎道ですから、おそらく中央のラインをはみ出しているに違いありません。

「これは、まいったな……」

私は思わず、つぶやきました。

それほどスピードは出ていなかったはずですが、車を少し端に寄せてやり過ごそうとハンドルを切ったとたん、タイヤがスリップして、バランスを崩してしまいました。

アッという間に私の車はスピンし、崖に転落してしまったのです。

気がつくと、私の車は大破して、崖の途中の木に引っかかる形で、なんとかとどまっていました。車体はぺちゃんこになり、窓からは木が突き刺さっていました。

自分の身体の状態のことは、すっかり頭から抜け落ちていたのですが、ガソリンが漏れているのは間違いありません。

「とにかく、車から出なければ……」

そう思った私は、残っている力を振り絞り、足でドアを蹴り外して、なんとか車外に這《は》って出たのです。

少し安心して、やっと自分の身体の状態がわかってきたのですが、まったく立ち上がることができません。

大腿部《だいたいぶ》と膝の関節が、外れてしまっていたのです。

いつ車が爆発するかもしれないので、早くここから離れようと思い、私は近くの切り株や頑丈な岩肌などに、気を失いそうな激痛に耐えながら身体をぶつけて、なんとか関節をもと通りにはめ込みました。

こうして、なんとか歩けるようになると、すぐに急激な喉の渇きを覚えたので、崖下を流れる川のほとりへとゆっくり降りていきました。

こんなときでも病院には行きたくない

川の水をすくい飲み、人心地つくと、上から多くの声が聞こえてきました。

「これは、ひどい……」

「誰もいないぞ!」

「運転手は助からないだろうな」

「死体はどこにあるんだ?」

そんな声が聞こえてきます。

本来であれば、彼らに助けを求めるのがふつうのはずですが、私は直感的に彼らを避け、川ぞいに歩いて、自分の治療院へ帰ろうと歩きはじめました。

しかし、すぐに倒れてしまいました。このときの私の身体は、出血こそ少なかったものの、内臓破裂や複数の骨折など、ひどい状態だったのです。

このとき、**私の脳裏には、あるイメージが映像としてくっきりと浮かびました**。

それはまぎれもなく、私の弟子である女性が、こちらの事故現場に向かって走ってくるシーンでした。

私が迎えにいくはずだった患者さんから治療院に連絡があり、

「ケンが来ないので、タクシーで行きます」

という言葉を耳にした瞬間、私の身の上に起こった異変を察知した彼女が治療院を飛び出したところも、はっきりと見えました。

そこで、私は素粒子による波動を使って、彼女にメッセージを送りました。

「私は事故現場ではなく、崖の下の川ぞいを、診療所側に少し戻ったところにいる」

すると、やはり彼女はすぐに察知して道を変え、しばらくして私の前に現れました。

「これはひどい……」

私の身体を見て、彼女はすぐにそういい、泣き顔になりました。

「私を治療院に連れて帰ってくれ……」

なんとか、声を振り絞ると、

「ダメですよ！　病院に行かないと死んでしまいます！」

しかし、私の直感は異なる結論を語りかけていました。

「逆に病院に行ったら、すぐに死んでしまうんだよ……」

そう答えると、すぐに彼女はすべてを理解してくれて、

「わかりました」

と、決心してくれました。

彼女は、事故現場に集まった人々に気づかれないように、私を抱きかかえて川ぞいを歩いてくれました。

そこに消防車が通りかかり、ただごとではない私たちを見て、車を止めました。

「どうしました？」

「この人がケガをしているので、家まで乗せてもらえませんか？」

「何があったんです？」

「魚釣りをしていて、崖から転落したみたいなんです」

消防士の人は、交通事故と私たちを結びつけることなく、彼女の言葉を信じて、私たちを乗せて家まで送ってくれました。

ついに力尽きた私

治療院に戻ると、彼女は私をベッドに寝かせて、熱いタオルで体を拭いてくれました。

すると私は、突然血液の混じった大量の吐瀉物《としゃぶつ》を出し、そのすべてを出し切ったところで、ガクッと意識を失ったのです。

頼もしい教え子に救われて……

幽体離脱して部屋を見渡すと、そこには血の気を失って横たわる私の亡骸、そして突然の私の絶命にうろたえる弟子の姿があった。

彼女は慌てて私の脈をみたが、すぐに絶望的な表情に変わった。

彼女の表情を見て、

「私は死んだのだな……」

と思った。

すると、彼女は天を見上げるようにして、こう叫んだ。

「ああ、神さま！　先生が死んでしまいました！」

ただ、彼女はふつうの人間ではない。

日々、私が多くの患者さんを治癒し、西洋医学の医師から余命宣告されたような人をよみがえらせているところを間近で見ており、なおかつ、私からその方法を教わり、習得している女性である。

私が見守っていると、彼女は死んだ私の亡骸を前に、思いつく限りのことを一生懸命やってくれた。

「頼もしい教え子が、立派に私を救おうとしている」

魂となった私は、その姿を見て感無量だった。

「今度は、本当に死んでしまっても悔いはないな」

そう感じたほどだった。

彼女は一心不乱に治療を続けていたが、いつまでたっても私の呼吸は戻らず、心臓も動こうとしなかった。

私の亡骸は氷のように冷たくなり、いよいよ不可逆な「死」を迎えようとしているように見えた。

しかし、彼女はあきらめなかった。

そこには、私を救いたいという愛の精神だけでなく、プロのヒーラーとしての矜持《きょうじ》が見え隠れしているように感じられた。

彼女は服を脱ぎ、下着姿となった。

二度までも私をよみがえらせた、あのイタリア系の女性がしてくれたように、みずからの体温で私を温めてくれるつもりなのだろう。

彼女は私の亡骸を抱き、何時間にもわたって私を温めて続けてくれた。

人間愛に勝る治療はない。

それは、私の治療に対する信念であり、極意でもあった。

やがて、窓から光の筋が差しはじめ、朝を迎えた。


……彼女の愛あふれる治療により、私は彼岸を背にしたのだ。


私が目覚めたとき、疲れ切った彼女はソファーで倒れ、そのまま熟睡していました。

テーブルの上を見ると、そこには一通の手紙がありました。

「先生の一生は、美しいものでした。これまでの人生で、私はさまざまな人との出会いがありましたが、先生のように純粋で、温かく、若々しい人はいませんでした。仏さまのような人、イエス・キリストのような人だと思いました。私もいつまで生きるかわかりませんが、先生、また天国でお会いしましょう」

そんな内容の手紙でした。

私は彼女に毛布をかけてあげながら、こう思いました。

「また、やってしまった……」

この臨死体験のときにも、私は天国に行き、神さまにお会いしました。

すると、案の定、神さまは私にこういったのです。

「あなた……もういいかげんにしなさい。どんな趣味で、ここに何度も来るの？　もっと注意深く生きなきゃダメですよ」

そのように叱られて、私はまたこの世に戻ってきました。

これが最後の臨死体験です。

五度の「臨死体験」が教えてくれたこと

幾度も「死」を経験することによって、私にある変化が起こりました。

それは、**脳波がフラットな領域に達するようになった**ことです。

脳波とは、人間の脳に流れている電気信号のこと。覚醒しているときと、眠っているときでは異なる脳波が出ているのですが、生きている以上、フラットになることはありません。

意識のない、いわゆる植物状態の患者さんでも、脳波は微弱ながら認められます。

現代の科学では、脳波がフラットになるということは、死亡、あるいは脳死の状態とされます。

しかし、私は生きながらにして脳波がフラットになるという、本来ありえない変化が起こったのです。

その結果、亡くなった人と話ができるようになり、また遠くに離れている人とも自由に交信できるようになったのです。

それは、私の大きな使命である、多くの患者さんの病気を治療するための大きな一助となっています。

自然療法医として、ヒーラーとして、大きくパワーアップできたのです。

また、死に対する考え方も変わりました。

死とは、アクシデントです。

つまり、その人にはなんの落ち度がなくても、なんら悪いことをしていなくても、遭遇してしまうものです。

しかし、多くの交通事故がまっすぐの道ではなく、カーブで起こるように、死に遭遇するときは、その人にとってあるべき生活習慣から外れていたり、外れかけていたりするときが多いものなのです。

思いがけない死と遭遇しないようにするためには、**なるべくスローに生きて、前をまっすぐ見ることが肝要**です。

たとえば、右足を出したら、左足を出す……。そんな意識で一歩一歩着実に、ゆったり進む人生のほうが、死を避けることができるでしょう。

しかし、スローに着実に生きるというのは、現代では案外簡単ではないのです。

実際、私のところにいらっしゃる患者さんの多くは、実践できていません。

「よくも、そこまでがんばれますね……」

と私が感心してしまうほど、働きすぎている人が多いのです。

仕事、家事、育児と、スケジュールは分刻み。つねに頭も身体も酷使していながら、それでもケロッとして生きているタフガイがほとんどです。

しかし、私から見ると、**そんなみなさんは「本当の自分」を見失っています**。自分の本当の美しさを忘れて生きているので、命や魂が安定していません。

「自分がない」

そうともいえるでしょう。

何か異変が起こったときに、自分を正しく、安全なところに引き戻してくれるのが、命や魂の役割なのですが、こんな不安定な状態では上手に機能してくれません。

その結果、死を避けることができなくなってしまうのです。


私は、すべての患者さんにこういっています。

「五五歳をすぎたら、本当の自分の美しさを見てください。命に向き合ってください。自分の身の丈に合った生き方をしてください。自分らしい生活習慣を見つけて、スローに暮らしてください。自分らしくおだやかに生きる時間が、一日の九五%を占める人生を送ってください。

無茶をするのは、残りの五％の時間にとどめましょう」

九五％がしっかりしていれば、五％はちょっと無理をしても大丈夫です。

いざというときは、命や魂があなたの命綱を引いてくれます。

死から、あなたを引き離してくれます。

もし、九五％が無理であれば、八五％でもけっこうです。

一五％は無理をしてもいいでしょう。

アクシデントとしての死を避けるには、命や魂が安定するような生活をすることに尽きますが、だからといって、死を怖れる必要はありません。

私は五度も「死」を経験しましたが、いずれも不安や恐怖を覚えるどころか、むしろ心地よくさえありました。

「あっ、私は死んでしまったのだな……」

そんなものです。

私たちが一般的に考える死とは、「肉体の死」にすぎません。

たとえ、身体は朽ちてしまっても、素粒子と、そこに秘められた素生力は、ずっと生き続けています。

身体がなくなるだけで、あなたの存在そのものが死ぬわけではないのです。

一生かけて果たしたい私の「使命」とは

なぜ私は、五度も「死」を経験しながら、そのたびにこの世に戻されたのか？

それは、まだ私にはこの世における「使命」が残されているからだと思っています。

その使命とは何かというと、**「ひとりでも多くの人の病気を治す」**ことです。


国家試験をパスして、大病院に勤めているえらいお医者さんもたくさんいますが、その人たちは、必ずしも患者さんを治療していません。

本を書いたり、講演会をしたり、弟子を何人もつくったりしていますが、案外患者さんを治していません。

では、本当の治療とは何か？

それは、手と手をつなぎ合って、相手の気持ちに寄り添い、歩調を合わせてともに歩んでいくことです。

ともに笑い、ともに泣き、ともに生きることです。

つまり、その人を幸福にすることです。

私はこのことを、すでに二～三歳のころに気づいていました。


私の母方の家系は、新潟で三五〇年もの間、治療院を営んでいました。

そこでおこなわれていた治療は、完全なるフェイス・トゥ・フェイスでした。

西洋薬を使わず、手術もしません。ただ患者さんに寄り添い、幸福にすることを第一にしていました。

すると、それだけで病気が治癒するのです。

幼いながらも、私はこれが「本当の治療」だと気づいていました。

本来、人間の身体というものは、ケガや病気を自分で治す力、つまり自然治癒力を備えているのです。

治すのは医者ではなく、患者さん自身ということです。


わかりやすいたとえ話をしましょう。

ターザンのお話を思い浮かべてください。

ターザンは病気になると、病院には行かずに、バタンと大地に寝てしまいます。すると、自然の力が働き、ゾウさんが大きな葉っぱをもいできて雨から守ってくれます。リスさんは栄養価の高いくるみなどの木の実を採ってきて、その実をターザンの口に入れてくれます。

お猿さんもバナナを持ってきて、食べさせてくれたりします。

これはまさに自然治癒力そのものを表しており、みなさんの身体でも、同じようなことがおこなわれているのです。

たとえば、風邪のウイルスが身体に侵入すると熱が出ます。それは、体温を上げることで、ウイルスを駆逐しようとしているからです。下痢や、鼻水や、たんも同じです。身体に備わったごく自然な反応です。

ですから、**それを無理に止めようとしてはいけません**。

ところが現代人は、心身のストレスや、間違った医療によって、その自然治癒力が落ちています。それをよみがえらせ、一〇〇%発揮できるようにお手伝いをする。

それこそが私の使命です。

みなさんにも、必ず使命はあります。

どんな使命なのかは、人によって異なりますが、**使命があるからこそ、あなたも私も生かされている**のです。

人間だけではありません。

キリンには、木の上の高いところの葉を整える使命があります。

ムカデやミミズにだって、地中の気を整えるという使命があります。

動物、植物、小さな細菌にいたるまで、使命があるから生きています。

子どもは親を選んで生まれてくる

使命があるから、私はこの世に戻されたとお話ししました。

それに間違いはないのですが、さらに正確にいえば、私は使命を果たすために五度も「死」を経験させられたのだと、いまは確信しています。

ヒーラーとしての使命を果たすために、死の本当の姿や、死後の世界を見る必要があり、それをみなさんに語る運命なのだろうと考えています。

これは、天国と交信して聞いた話です。

ある子どもが、三歳という若さで亡くなりました。当然、親御さんはたいへん悲しみ、運命を呪ったそうです。

でもその子は、お母さんのお腹に入る前から、自分がたった三年間しか生きられないことをわかっていました。

だからこそ、そんな自分を産み、大切に育ててくれ、さらにその悲しみを乗り越えることができるお父さん、お母さんを探したのだそうです。そして、**たくさんの夫婦の中から、自分で親を選んで産まれてきた**といいます。

「子どもは親を選べない」

といいますが、そんなことはありません。

幼くして死んでしまう子や、障がいを持った子であっても、心から愛情をそそいで育てることができるのはもちろん、その逆境をべつの何かに昇華させることができる力が、選ばれる親にはもともと備わっているのです。

そして、子どもの運命を受け入れることによって、ほかの親が経験することのできない、大いなる学びを得るという使命があるのです。

あなたの「使命」はなんですか?

自分は不幸だと嘆き続けて、人生を無駄に過ごしてしまう人は、残念ながら少なくありません。

そういう人は、

「生きがいが見つからない」

「自分には取り柄がない」

そんなふうに考えがちです。

いいえ、そんなことはありません。

誰でも、生きている以上、必ず使命があります。

つい、そんなふうに思ってしまうのは、本来、唯一無二の存在であるはずの自分を、他人と比べているだけのことです。

大統領の使命と、畑を耕す人の使命は、同じ重さです。どちらが重くて、どちらが軽いといったことはありません。

経済的に恵まれていなくても、仕事がうまくいっていなくても、生きている人はすべて、ほかの人には果たせない大切な使命を持っているのです。

あるとき、私は数百人が集う大きな会合に出席しました。

その日の会合には、ひとりの男性がゲストとして招待されていました。

なんと、彼には手足がありません。先天性のものだそうです。

彼は一度寝転んでしまうと、ありとあらゆる努力をしなければ、立ち上がれません。

はじめて見る者にとっては、本当に痛々しく思えてしまうほどです。

しかし、彼は実に生き生きとしていました。

世界中の学校に呼ばれて、子どもや若者たちに人生のレクチャーをしたり、アドバイスをしたりする活動をしているのだそうです。

その希望に満ちた声は、私などよりよほど艶《つや》があります。

彼の姿とお話に、集ったみなさんは感動しきりでした。

ところが、質疑応答の時間になったときに、心ない質問をする女性が現れました。

彼女は、ケロッとしてこういいました。

「もし、神さまがあなたにひとつだけ欲しいものを与えてくれるとしたら、何が欲しいですか？」

会場は騒然としました。

「なんて無神経なことを聞くんだ！」

「手足が欲しいに決まっているじゃないか！」

しかし、彼は笑顔でこう答えました。

「**いまある幸せで十分です**。こうしてみなさんや子どもたちに会ってお話ししたり、交流したりできる、美しい人生を続けられるようにしてほしいと祈ります」

彼のこの言葉には、会場全体が衝撃を受けました。

彼は、自分が不幸な境遇にあるなど、みじんも感じてはいませんでした。

周囲の人が勝手に不幸とみなしているだけで、彼自身はちっとも不幸とは思っていないわけです。

つまり、手がない、足がない、目が見えないということは、それはもちろんたいへんなことですが、「不便」ではあっても決して「不幸」ではないのです。

むしろ、その不便を乗り越えた人だけに見える、宝石なり、ダイヤモンドのようなものがあるはずです。

彼の笑顔と言葉が、それを証明しています。

それこそが、私が考える使命の姿です。

ほかの人では果たせない「自分の使命」に気づくことができれば、自分も、そして他人も幸福にすることができるのです。

第3章

「あの世」の秘密

愛する人の魂は、
いまもあなたのすぐそばにいるよ。
見守ってくれているよ。

死者の目を気にする必要はない

死と、あの世のことについて、もう少しくわしくお話ししましょう。

まず、「死」の本当の姿ですが、前章でも触れたとおり、私たちが一般的に考えている死は「肉体の死」にすぎません。

たんに肉体がなくなるだけのことで、魂は宇宙へと飛び立ちます。

死を迎える瞬間は、痛くも苦しくもなく、むしろ気持ちがよいくらいですから、怖がる必要はありません。

死の瞬間とは、いうなれば、この世の人生のクライマックス。**最後の楽しみとして、もっとハッピーなものとして考えてよいと思います**。

五度も死んだ私がいうのですから、間違いありません。

私たちは、よく「あの世に行く」といいますが、いまあなたの目の前にも、天国は存在しています。

私たちにはそれが見えないだけで、天国の人はこちらを見ているのです。

しかし、それは「ただ眺めているだけ」であって、あなたの行動を監視しているわけではありません。

ですから、たとえ恥ずかしい失敗をしたとしても、

「恥ずかしいところを見られた！」

なんて思う必要はありません。

天国にいる人の心にあるのは、「平和だなあ」という安息感だけですから、「面白い！」とか「悲しい……」とか「コイツは許せない！」とか、そういった喜怒哀楽の概念はないのです。

もちろん、亡くなったおじいさん、おばあさん、あるいは両親に対して、恥ずかしくない人生を送ろうという心がけを否定するものではありません。

でも、あなたが何をしようと、天国のご家族はただ見守っているだけですから、**遠慮せずに精いっぱい生きて、成功するだけでなく、思い切り失敗するとよい**と思います。

死者の目を気にして、人生を小さくまとめる必要はありません。

天国には「趣味」の合う人が集まる

広大な宇宙に帰った魂は、ひとつのところに居住するわけではありません。ただ、同じ波長を持つ魂が集まる場所はあります。

それが、私が臨死体験のたびに訪れた「天国」と呼ばれる場所です。

同じ波長の魂が集まるところ……というと、ちょっとイメージしにくいですが、実は私たちの世界にもたくさんあります。

たとえば、ロックバンドのライブ会場です。

あるロックバンドが奏でる音楽なり、詩的なメッセージなりを耳にして、

「サイコーッ！」

と感じる魂が集まっているのがライブ会場です。

もちろん、さだまさしさんのコンサートに集う人々も同じですし、エジプト展にツタンカーメンを見にいく人も同じです。

同じ波長を持つ魂が、自然に集まってくるところ、それが天国の姿です。

天国の姿は、私自身が何度も目にしています。

登山家が山を登らない人に、なぜ山に登るのか？　と聞かれて、

「そこに山があるからだ」

と答えるのは、「説明してても理解してもらえないだろう」という思いからだと思いますが、正直なところ、私も天国のお話をするときに、そう感じることがあります。

これは、本気で考えることなのですが、

「ぜひ、一度行かれるといいですよ」

と実はお勧めしたいほどなのです。

天国はとても平和で、一切のしがらみがないところですから、**この世よりもずっと暮らしやすいかもしれません**。

自分の愛だけでフワフワと浮遊できるなんて、考えるだけでワクワクしてきませんか？

そんな天国のようなところは、この世にはありません。

ただひとつの問題は、一度向こうに行くと、もう戻ってくることはできないかもしれない……ということだけです。

幽体離脱して天国に行くと、私はよく甲田光雄《こうだみつお》先生と、船井幸雄《ふないゆきお》先生にお会いします。

それは私の素粒子が、甲田先生や船井先生のそれと同じ波長を持っているので、おたがい引きつけ合うからなのだと思います。

ロックコンサートにたとえたように、天国においては同じ波長を持つ者どうしが引き寄せられるのです。

先ほどから「魂」とか「意識」という言葉を使ってお話ししていますが、**物質的な言葉でいえば、それは人間を形成している「素粒子」にほかなりません。**

素粒子とは、文字どおり微細な粒のこと。船井先生の粒が私に入ったり、私の粒が船井先生に入ったり、つねに交換し合っています。

同じ波長を持った素粒子が行き来し合うわけですから、「誰々の素粒子」といった定義も希薄になっていきます。

これこそ、究極のコミュニケーションといえます。私はいつもワクワクして、楽しみでしかたありません。

死の先にはこんな楽しいこともあるのですから、くり返しますが、怖れる必要なんてまったくないのです。

船井幸雄先生から預かったメッセージ

甲田先生、船井先生、おふたりともたいへん著名な方ですが、ここで少しだけご紹介しておきましょう。

甲田先生は、国家資格の医師免許をお持ちの医学博士ですが、病院での臨床において西洋医学の限界に気づき、断食や少食の絶大な治療効果を立証されました。そして、菜食・少食療法としての「西式甲田療法」を確立された、大先生です。

船井幸雄先生は、たいへん著名な経営コンサルタントで、先生が設立された「船井総合研究所」は世界ではじめて株式上場した経営コンサルタント企業として知られ、現在も東証、大証一部に上場されています。

また、波動に関する研究の第一人者でもあり、世界のすべては波動で説明できることを証明されました。

船井先生との出会いは、天国の甲田先生から紹介していただいたことがきっかけでした。

天国からのメッセージで、甲田先生はこうおっしゃいました。

「友人の船井幸雄君に、君を紹介したい」

やがて現れた船井先生は、こうおっしゃいました。

「君がマスターヒーラーの小林君かね」

「いえいえ、とんでもないです。そう呼ぶ人もいますが、自分ではまだまだだと思っています。そうなれるように、日々精進《しょうじん》していますが……」

すっかり恐縮する私を前に、こうおっしゃいました。

「君は、とても純粋だ。しかし、商売が下手だし、いつも治療ばかりに没頭している。それはもちろん悪いことではないが、君はもっと世の中に出て、多くの人の役に立つべきだ。そこで、甲田先生と相談して、**君をもっと広い世界に出すことにしたんだ**」

こうして先生方の力をお借りして、私はいまにいたるような活躍の場を見つけることができたのです。

おふたりがいなければ、こうして自分の本を出すこともなかったでしょう。

つまり、おふたりは私の大恩人なわけです。

それ以来、私は船井先生とよくお話しさせていただくようになりました。

日ごろ、私と会っていないときの先生が何をなされているかまでは存じ上げませんが、船井先生がつねに思っていらっしゃる志は、よく知っています。

それは、

「命がけで、日本を守りたい。世界を守りたい」

という一念です。

船井先生は、日本や世界がさらなる乱世を迎えてしまったときに、自分の大切なメッセージを伝えてくれる者が必要なのだとおっしゃっていました。その役割を、私に果たしてほしいとお願いされたのです。

これが私のもうひとつの使命でもあります。

船井先生と私は波長がとても合うので、天国でお会いしていないときも、先生は地上にいる私にメッセージを送られます。

そうすると、私は幽体離脱して、先生たちが集まっているところへお伺いし、そこでいろいろなお話をすることになります。

船井先生とは、夜中の二時半ごろにお会いすることが多いです。「丑三《うしみ》つ時」と呼ばれる時間帯ですが、この時間帯は宇宙が静かになるので、話しやすいという理由もあるのだと思います。

もちろん、ときどきですが、昼間にお会いするときもあります。

船井先生は二四時間、三六五日、日本のために、世界のために、いまも働いていらっしゃるのです。

「地獄」は人間がつくり出した幻想

天国とセットで語られるものに「地獄」があります。

閻魔《えんま》大王が支配していて、この世で悪事を働いた人々の舌を抜いたり、針山を裸足で歩かせたりする地獄絵図を、みなさんも一度はご覧になっていることでしょう。

そして、こんなことをいわれたりしたはずです。

「ウソつきは泥棒のはじまり！　閻魔さまに舌を抜かれるよ！」

私の父も、よく私にこういっていました。

「悪いことをすると、地獄に行くよ！」

もう時効でしょうから白状しますが、私は子どものころ、友だちと近所の庭から柿をとっていました。

見つかると、ほうきを持ったおじさんによく追いかけられたものです。

「泥棒すると地獄に行くぞ！」

といわれていたので、七歳のときの臨死体験では、

「ぼくは地獄におちるんだ！」

と思い込んでいました。

ところが、実際に行ったのは天国で、神さまにもお会いしたわけです。


そのとき、神さまはきっぱりと私におっしゃいました。

「地獄というものは、ありません」

また、こうも諭《さと》されました。

「いまのあなたには難しいお話かもしれませんが、地獄というものは、人間が自分たちを戒めるためにつくった概念なのですよ」

七歳の少年には、難しいお話でしたが、神さまの言葉はなぜか意味が伝わるので、子どもの私でも、

「ふーん、そうなんだ」

と深く納得できたのです。

くり返しますが、地獄は人間がつくり上げた空想の産物です。地獄に落ちるから、悪いことをしてはいけないと自分を戒めるのは、決して悪いことではありませんが、むやみに怖がる必要はありません。

人生は自分の力で切り開くもの

私たちは、困難に直面したときや、窮地におちいったとき、手を合わせてよくこんなお願いをします。

「ああっ、神さま！　どうか私を助けてください！」

わらにもすがるその気持ちは、私にもよくわかりますが、神さまは本当に助けてくれるのでしょうか？

いいえ、**残念ながら手を差し伸べることはないでしょう。**

「なぜ、助けてくれないのか？」

この疑問に答えるには、私が出会った神さまについて、もう少しくわしく説明する必要があります。

天国で出会った神さまは、私たちより少し高いところに座っていました。モナリザをもう少しスリムにしたような姿で、髪はとても長く、黒に近いねずみ色をしていました。お顔は美しい若い女性のようで、つねに柔和な微笑みをたたえていましたが、全体的な輪郭は、なぜかぼんやりしています。

子どものときの私は、なぜか「神さまは男だ」と思い込んでいました。ですから、七歳の臨死体験のときに、

「みんながカミサマっていうけど、おねえちゃんはカミサマじゃないよ！　だって、女じゃん！」

という、まさに神をも怖れぬ、失礼なことをいい放ったのを覚えています。

神さまは、七歳の私にやさしくこう応じました。

「いまのあなたには、わからないかもしれませんが、**ここに暮らすみなさんが尊敬と信頼を寄せ、愛と力の源を感じる存在のことを、神と呼ぶ**のです。私にそんな力があるのか、自分ではわかりませんが、みなさんは神と呼んでくれています。ただ、そのことを、私はとくべつなことだとは考えてはいません。みなさんが私のところに相談にくるので、それに答えているにす

ぎません」

そう応じる神さまの声は、女性的というより、男性的でした。


このように、神さまは聞かれたことにアドバイスをすることはあっても、いわゆる全能の神のように、強大なパワーを使って奇跡を起こすといったことはないようです。

つまり、すべてを知っている「全知」の存在ではあっても、直接何かをする「全能」な存在ではないことになります。


ですから、神さまに「お願い」しても、助けてはくれません。**人生は「神頼み」ではなく、自分の力で切り開いていくべきなのです。**

自分の力を信じましょう。

何にもよりかからず、自分の足で立ち上がりましょう。

神さまは「女性」かもしれない

私のお会いした神さまは、女性的な容姿をされていましたが、絵画などで描かれる神さまは、たいてい力強い男性の姿をしています。

思うにそれは、**男性優位の社会でつくられてきた幻想のようなもの**ではないでしょうか。

すべての生物にいえることですが、「子どもを産むことができる」という点で、女性は男性よりも「上」だと私は思っています。いくら男が腕力を示したところで、そもそもこの一点で相手にならないのです。

また、女性には、男性にはないきめ細かさがあります。子どもを産むため、忍耐力にもすぐれていますし、直感力も長けています。

ところが、男性には腕力があります。そのため、戦争や騒乱が起こったとき、リーダーとなるのはいつも「強い男性」でした。

そのリーダー像が、神という存在とシンクロしてしまうことで、「神＝男性」というイメージがついてしまったのだと思います。

しかし、本当の神さまがいる天国の世界、人間の根源である素粒子の世界、そして私たちが生きる無辺際《むへんさい》な宇宙のスケールからいえば、**男女の違いなどまったく問題ではありません**。

ましてや、ちっぽけな人間の腕力の差など、問題になりません。

神さまとは、そんな小さな次元の存在ではないのです。


私がお会いした神さまは、七歳から五五歳までに経験した五度の臨死体験すべてにおいて、同じ姿をしていました。歳をとってもいませんでした。

私はまだ七六歳という若輩ですから、「神さまは女性である」などと大きな声で断言はできませんが、ただ間違いなく、そのルックスは女性そのものでした。

動物の世界では女性、つまりメスが上位の社会はめずらしくありません。

鹿などは、「奥さん鹿」が一生懸命、野原を駈《か》けずり回ってエサを探すそうです。

エサ場を見つけると、とくべつな口笛を吹いて、旦那さんや子どもたちを呼び寄せて、みんなで仲よく食べます。

つまり、メスがリーダーなのです。

ということは、女性が神さまであってもなんら不思議ではありませんし、「子どもを産むことができる」という、男性にはないすばらしい能力を持っているという意味でも、むしろそうあるべきといえるのではないでしょうか。

ちなみに、あの世には、この世のような上下関係がありません。

天国では有名人とも話をする機会があるのですが、彼らはこの世での名声だとか、お金持ちだったこととか、有名人であったことなど、ほとんど覚えていないのです。

この世の人間である私としては、彼らの有名人としての過去や実績を知っているので、ついとくべつな目で見てしまうのですが、**亡くなってしまえば、ほかの人たちとなんら変わらない存在になります**。

つまり、あの世は本当に平等なのです。

それこそが、あの世とこの世の大きな違いといえるでしょう。

あの世は、本当にいいところですから、死を怖れず、もっとハッピーに考えるべきだということを、くり返しお伝えしておきます。

愛する人の魂はあなたのすぐそばにいる

先ほども述べたように、天国の人は、いつでもこちらの世界を眺めることができます。

ふらりと遊びにくることも可能で、ときどき、感性の鋭い人は、

「あ、なんか、いま近くに死んだおじいちゃんがいるような気がする」

といった感覚を覚えることがあると思います。

そんなときはたいてい、本当におじいさんの「魂」が近くに来ています。

といっても、魂は目には見えませんので、ときには匂いであったり、ときには風であったり、べつの形をとって現れます。

ところが、お盆などにお墓参りに行き、

「おじいちゃんに会えたね」

と思うのは、私の経験でいえば、少し違うように思うのです。

お墓には、たしかに亡くなった方のお骨が納められています。

ですが、「死」というものは「肉体から解き放たれる」ことを指しますので、そこに魂が宿

ることはまずないでしょう。

お墓やお仏壇は死者のためではなく、この世に生きる生者のためにあるのです。残された者の心をおだやかにするものとしては否定しませんが、亡くなった方とお会いできる場所ではないと私は考えています。

天国はこの世と同じところに存在していますので、亡くなられた方の魂は、むしろご家族や愛おしい人が暮らしている、ご自宅のほうが宿りやすいと思います。

では、「生まれ変わり」というのは、本当にあるのでしょうか?

私は、魂としてこの世に遊びにくることは簡単でも、ふたたび肉体をまとって生まれ変わることは、たいへん難しいことだと考えています。

神さまから直接聞いた話によれば、一度肉体を失ってから、新たな肉体を取り戻すには、何百年もかかるそうです。

もちろん、生まれ変わることがなくても、天国でおだやかに暮らすことができます。

ふたたびこの世に生まれ変わろうが、生まれ変わらずに天国で暮らそうが、どちらも幸福であることに違いはありません。

しかし、次のような形での生まれ変わりは、少なくないと思います。

たとえば、死してなお、その人が持ち続けている強い生命力、素生力によって、素粒子の波長が子孫たちに送られます。

すると、子孫のもとに生まれた子どもがその信念を受け継いで、その人がやりたかったことや、望んでいることを、代わりにやってくれたりするのです。

一般的に知られる、輪廻転生のイメージとはずいぶん違いますが、これもある種の「生まれ変わり」だと思います。

ただ、そうなるためには、**誰よりも強い使命感、この世でやり残したことを成就させたいと願う強い気持ちが必要**です。それらを持ちえた魂は、このような形で「生まれ変わり」を果たすことができるのです。

「天国での再会」はありえるか？

愛おしい人が息を引き取る瞬間は、誰もがつらいものでしょう。

「天国で待っててね……」

そんな再会の約束をする家族や夫婦、恋人たちは、少なくないと思います。

実際、私のところに来る相談の中でも、

「亡くなった妻に、また会えるでしょうか？」

というようなものが少なくありません。

そんなときは、ズバリこうお答えします。

「会えます！」

しかし、そのあとに、こうつけ加えるのです。

「会えますが、期待されているような感動の再会とはなりません」

そうお答えすると、みなさん一様に驚き、がっかりされるのですが、それはまったく違うのです。

くり返しお話しするように、天国に暮らすみなさんは、おだやかで平和な気持ちだけを抱いており、私たちのような「喜怒哀楽」の概念はありません。つまり、「会いたい」という欲望もないのです。

先に亡くなられたご家族や恋人はもちろんのこと、あとから天国に行くあなた自身にもそうした概念はありません。

同じように、死後、かわいがっていたペットと会えるのかといえば、それはもちろん会えるのですが、人間と動物はそもそも素粒子の波長が違うので、やはり私たちが思うような再会らしい再会はないと思います。

「三途の川に、死んだお母さんが迎えにきてくれた……」

といったお話もありますが、それはこの世に生きる私たちが生み出した、ある種の願望のようなものだと思っています。

もちろん、この世の人が、亡くなったあの世の人に「会いたい」と願う気持ちは、私もよくわかります。

ただ、「死」というものは、最小単位の素粒子に戻ることを指します。この世での記憶をはじめ、人間の時代に培ったものは、ほとんどなくなります。

しかし、**だからこそ天国では、心おだやかで本当に平和な気持ちで過ごすことができる**のです。

ここで説明しておきたいのは、ではなぜ、甲田光雄先生と船井幸雄先生、おふたりの先生と私とのコンタクトは可能なのか、という問題です。

ここには、森美智代《もりみちよ》先生の存在が大きく作用しています。

「心の妹」がつないでくれた大事なご縁

森先生は、甲田先生のお弟子さんともいえる、断食・少食分野で著名な先生で、関連書籍でベストセラーも出されている方です。

ご自身が難病とされている脊髄小脳変性症《せきずいしょうのうへんせいしょう》を発病されたことがきっかけで、甲田先生が推奨されていた西式甲田療法を実践され、この難病を克服されました。

鍼灸院《しんきゅういん》を営みながら、そのご経験を生かして、断食・少食療法を世の中に広めるご活動をされていらっしゃいます。

私は森先生とたいへん親しくさせていただいているのですが、お会いするたびにおたがいの素粒子が交流し合うのを感じます。

つまり、**森先生の素粒子が私の中に入り、私の素粒子が森先生の中に入ります。**

これは、森先生と私がそれぞれ持つ素粒子の、相性のよさによって起こる現象といえるでしょう。

森先生は生前の甲田先生、船井先生とも親交があり、おふたりと非常に波長が合う方です。ですから、先生方の素粒子を強く引き寄せることができます。

そういうわけで、森先生を中継する形で、甲田先生、船井先生の素粒子が、生前に親交のなかった私の中にも入ってきたのです。

いまでこそ、おふたりとは直接コンタクトをとることができるようになりましたが、はじめのうちは森先生を通じて、お話をさせていただいていました。

森先生のお力がなければ、この地球に七三億人もいる人類の中で、おふたりがわざわざ私を選ぶわけはありません。私なんかよりも、もっとすぐれた人物が、地球上にはたくさんいらっしゃるのですから。

ただ、おふたりが大切に思っていた森先生が、私ととても親しい関係にあるという事実を認めてくださったのでしょう。それで、私を親しい友人のひとりとして迎えてくださったり、メッセンジャーとして協力することを求めてくださったり、貴重なアドバイスをしてくださったりするに違いありません。

このような温かいご縁のつながりは、私たちの世界となんら違いはないのです。

このように、みなさんが「あの世の人と会う」と聞いてイメージすることとは、ちょっと異なる現象です。

あくまで素粒子どうしの、神秘的な交流なのです。

「天国」は絶対的平和で満たされている

ここまで少しシビアな現実をお話ししてまいりました。内心、がっかりされた方もいらっしゃるでしょう。

ただ、あの世の住人になってからも、この世の人に対して「何々してほしい」と願うことはあります。たとえば、

「元気でいてほしい」

とか、

「お母さんを大事にしてほしい」

とか、**大切に思っていた人への愛情あふれる思いや意思は残ります。**

こうした思いを、あの世から素粒子の波に乗せて、愛する人に送ることも可能です。そのためのパワー、素生力は、魂の存在になってからも残るのです。

しかし、実はそのパワーは、この世に生きる私たちにも本来備わっています。

つまり、自分の思念を、素粒子の波に乗せて、遠くにいる人に送ったり、あの世の人に送ったり、未来の人に送ったりできる力が秘められているのです。

そんなことできっこない、という思い込みや、化学物質などによる影響、過剰なストレスなどもあって、知らぬまに制限されているだけなのです。

それが死を迎え、素粒子となって宇宙へ旅立つと、すべての制限がリセットされるので、思いをまっすぐに送りやすくなるのです。

死の世界は、とことん自由で平和です。

怖れることなど、何もありません。

第4章
死を怖れず生きる

ホームレスも大統領も、
人生の終わりは、必ずハッピーエンド。
みんな同じだよ。

死への怖れはこうやって手放す

どのように死と向き合うべきか、健康なうちに考えておくのは大切なことです。

死を考えるうえで、私がいちばんよい方法だと思うのは、「自然の概念」をみずからの中に持つことだと思います。

土があって、芽が出てきて、木になり、葉っぱが出て、花が咲き、それが香るというように、すべてはつながり合っているのですが、自然の持つ本当の愛、その生きる力の源は、「はじめに」で述べたように、「目に見えない地中」にあります。

つまり、自然の魂も、地中にあるということです。

「死」への恐怖感、その正体とは、いま持っているものがなくなってしまうとか、好きな人に会えなくなるとか、好きな食べものが食べられなくなるとか、すなわち**「所有しているものを失う」ことへの怖れであることがほとんど**です。

これは、ヒーラーとして五八年間、ひとりひとりの患者さんの人となりを見てきた、私自身の経験からいえることです。

その恐怖感を克服するための方法を、私からアドバイスさせていただくと、**私たちが所有しているものは、すべて「借りている」、もしくは「使わせてもらっている」ものだと気づく**ことがまず大切です。

みなさんがお住まいの家もそうだし、所有している土地もそう。もちろん、銀行にある貯金もそうです。

ポケットの中にある小さなビスケットだって、借りたものです。たとえ、それを食べて栄養に変えても、所有したことにはなりません。

大切な人からもらった、かけがえのないプレゼントだって例外ではありません。

さらには、物質的なものだけではなく、精神的なものも同じです。

ご両親に愛された記憶や、恋人との素敵な思い出、仕事がうまくいった喜び、すべては借りているものなのです。

借りているもの、使わせてもらっているものは、いつか必ずもとのところに返さなければいけないときがきます。

その「とき」こそが、死を迎える瞬間なのです。

魂ひとつになって、素粒子に戻って、安らかに私たちは宇宙に帰る。それが死です。

死んだら、その先には何も持ってはいけないのです。

人生の終わりは必ず「ハッピーエンド」

本来は必要ないものまで所有してしまう、もしくは所有したくなってしまう……。そんな現代人の心が、死を怖れる原因をつくっています。

必要以上の大きな家を、借金をしてまで買ってみたり、クレジットカードでたくさん買いものをしてみたり、お腹がいっぱいなのに飽食を常としてしまったり、そういうことが死への恐怖につながっているのです。

つまり、死への怖れを手放すには、**所有欲を手放し、ふだんから感情をフラットに保つこと**が大切なのです。

たとえ何かを所有したと満足しても、大きな宇宙観に立って考えれば、ちっぽけなものを、ほんのひととき借りているだけです。

たくさんのものを所有し、それを維持し続けるには、たいへんな努力をしなければなりません。四六時中、株価から目を離せなかったり、必要以上の仕事をしたり、毎日パーティーに出かけてみたり……。

そんな物欲、支配欲、所有欲にまみれた精神状態こそが、死への恐怖を知らず知らずのうちに、あおっているのです。

くり返しますが、「所有する」という考え方を、天や自然から「借りている」と改めることで、死への怖れは薄らいでいくと思います。

これがファースト・ステップ、第一歩です。

路肩に咲く小さな花も、小川に棲《す》む小魚も、大海原を旅する鯨も、道に落ちたキャンディにたかる蟻《あり》ん子も、平原の王者であるライオンも、そして私たち人間も、この世に生をうけた存在はみな、いつか必ず死ぬのが定めです。

その運命から、逃れられる者はひとりもいません。

日本人の平均寿命は世界一とされており、平均八三・七歳にもなりますが、たとえ一〇〇歳まで生きられたとしても、宇宙的、素粒子的に考えれば、一〇〇億分の一秒ぐらいの一瞬にすぎません。

一五〇億年の宇宙の歴史と比較すれば、人間の一生など、ほんの一瞬のできごとなのです。
つまり、**不幸に思える子どもの夭折も、一〇〇歳の老人の大往生も、変わりはない**ということです。

生きている人間はすべて「不完全な存在」ですが、死を迎えた瞬間に「完成」します。それは事故など、アクシデント的な死を迎えた場合でも同じことです。

逆にいえば、すべての人間は、完成した瞬間に死ぬ運命なのです。

三歳で亡くなった子どもは、三歳で完成した人間となり、生をまっとうします。一〇〇歳まで生きた老人は、ようやく一〇〇歳で完成したということです。

三歳で死ぬか、一〇〇歳で死ぬかは、われわれ人間にとっては大きな違いのように思えますが、死後の世界、素粒子の世界、宇宙的視野においては、大した違いはありません。

死はたんに肉体がなくなるだけの現象です。魂は素粒子となって宇宙に帰り、永遠に生き続けます。

ですから、もしあなたが大切な人を亡くしたとしても、悲しまなくてよいのです。

悲しむ代わりに、こんなふうに声をかけてあげてください。

「幸福な時間をありがとう！」

「よくがんばったね。おつかれさまでした！」

たとえ、それがいわゆる「若すぎる死」だったとしても、その方は立派に天寿をまっとうされたのですから……。

死は怖いものではなく、ハッピーなこととして受け入れることが大切です。

私たちの最期は必ずハッピーエンドなのですから、それまでの時間をしっかり生き切りましょう。

「悪徳宗教」「霊感商法」の見分け方

生と死の問題を考えるとき、そこには必ず宗教観というものが生じてきます。

私が推奨しているように、

「死をハッピーなものとして受け入れよう！」

と考えることも、一種の宗教観といえるかもしれません。

宗教観や死生観というものは、本来、自由なものですので、誰がどんなふうに考えていようと、それはまったくかまわないのですが、世の中にはこのことを利用して荒稼ぎをしてやろうと考える人たちも、少なからず存在します。

いわゆる「悪徳宗教」とか「霊感商法」と呼ばれるものです。

ここでは、こうした詐欺的なものにだまされないためにはどうすればよいか、考えてみたいと思います。


まず、**本物の宗教や霊能者は、モノを売ったりしませんし、入信を無理に勧めてくることもありません。**

これを購入しないと不幸になる、幸せになれない、などと脅してくることもありません。

先ほど申し上げたとおり、すべてのモノは「所有する」のではなく、「借りているだけ」と考えることで、その矛盾におのずと気がつくはずです。

しかし、何かを信じる心、信じたいと欲する心は、誰にでも必ずあるものです。

「私は、宗教なんて信じない」

とか、

「無宗教です」

といい切るような人でも、信じる心は心の奥底にしっかり根づいています。何々教とか霊感とかいっていないだけです。

何かを信じる気持ちそのものは、たいへんすばらしく、人間にとって大切なものです。愛や希望を持つのと同じで、人間に自然に備わっているものです。

たとえば、健康には運動がいちばんいいとか、気持ちが落ち込んでいても山に登ればすぐに心が晴れるとか、そのような心の持ちようもあります。

実際、その人は運動すれば健康になりますし、山に登れば元気になることでしょう。

これは西洋医学などではなく、その人自身の力だけで治癒しているわけですから、自然治癒力そのものともいえます。

この力を生み出すものを「波長」といいます。

人間の身体をつくっている六〇兆個の細胞、そのひとつひとつに「糖鎖《とうさ》」というアンテナが七万本も立っており、それらがおたがいにコミュニケーションをとってくれるからこそ、人の身体は健康に維持されているわけです。

そこにはさまざまな意識や素生があり、同時に不安だとか、所有欲だとかも存在していますので、それが死への恐怖に結びついてしまうわけです。

この心の隙間に、ニセモノの悪い宗教だとか、霊感商法だとかが、つけ込んできます。

「この壺《つぼ》を買いなさい」

とか、

「この御札を買って、身につけなさい」

といわれて、ついついだまされてしまうことになるのです。


ただし、塩でお清めをしたり、神社で安価なお守りを買って身につけたりするのは、まったく問題ありません。

昔からふつうにある、このような習慣は、むしろ自分の心をおだやかに、前向きにするための行為ですから、お寺にお参りして手を合わせる、神社で柏手《かしわで》を打つのと同じことで、なんら問題はありません。

神仏に合掌するのは、人間らしい美しい習慣です。


もし、自分の不安や恐怖心につけ込み、土足で踏み込んでくるような人が現れたときには、一歩後ろに引いてみるのがいいでしょう。

ニセモノの宗教や、霊感商法で人をだまそうとしている悪い人は、だいてい話がとても上手で、ハートの強い人ですから、**勝とうとは思わずに、自分から一歩下がって距離をとってみる**ことです。

一歩下がって、距離をとれば、冷静になれますので、真実がよく見えるようになりますし、その人との離れ方も自然にわかるはずです。

「やらなかった後悔」をしないために

私のもとには死者はもちろん、亡くなったペットの犬や猫まで、あの世の住人が何千人、何万人と訪れますが、彼らが、

「○○をしなければよかった……」

という後悔を口にするのは、聞いたことがありません。あるのは、

「○○をしておけばよかった……」

という「やらなかった後悔」ばかりです。

先日も、飼い主のファミリーにとてもかわいがられて亡くなったメスのワンちゃんが、私のところにやって来ました。

すると、彼女はこういうのです。

「私はとてもかわいがってもらえたのだけど、寿命がきて、死ぬことになったの。だから死ぬときに、ファミリーみんなの悪いものをぜんぶ食べてから、こっちに来たの」

犬も、猫も、人間も、病気だとか、交通事故だとか、死の原因はいろいろありますが、命ある者はすべて、例外なく天寿をまっとうして、平和な天国に行きます。

そして、死の瞬間には、みんないいことをして、天国に行きます。

それが一〇〇％上手にできなかったという後悔は聞いたことがありますが、「〇〇をしなければよかった」という後悔は、一度も聞いたことがありません。

大切なことは、**命あるうちにやりたいことをすべてやり、しっかり生き切ること**だと思います。

すべてをやり切った先にある死は、怖れるどころか、完璧なハッピーエンドなのです。

愛と感謝は生きているうちに伝えよう

すべてをやり終えたあとのハッピーエンドとしての死は、誰もが夢見る最高の結末ですが、その臨終のときに、

「いい人生だった……」

と感じることはできるのでしょうか？

実は、その答えはノーです。

あなたの素粒子は、一秒間に地球を七周するほどのスピードで、宇宙に旅立ってしまいます。ですから、臨終の瞬間には、すでにあなたの魂は宇宙へ飛び立ってしまっていることがふつうなのです。

つまり、「いい人生だった……」と思うひまがないくらい、死の瞬間というのは一瞬のできごとなのです。

ましてや、看取ってくれた家族や友人たちに、愛や感謝の気持ちを伝えるとなると、とても困難です。ですから、**もし大事な人に言っておきたいことがあるなら、元気なうちに伝えておいたほうがよい**でしょう。

「これからもずっと愛しているよ」

とか、

「一緒に生きてくれてありがとう」

とか、ちょっと恥ずかしいかもしれませんが、あなたの隣にいる人に、いま伝えてみてください。思い立ったが吉日です。


ただ、ごくまれに、愛や感謝の気持ちを最後に送ってから昇天できる人は確かにいます。

そういう人は、きわめて愛の力が強く、エネルギーの大きな人物に違いありません。

死の瞬間、最後に残された全エネルギーを一瞬で放出できなければ、臨終の愛のメッセージを送ることはできませんし、感じることもできません。

この現象は、とても奇跡的なことですから、愛している人の死を前にして、何もメッセージを受け取れなかったとしても、

「私の愛が足りなかったのではないか……」

と考えるべきではありませんし、

「この人は、本当に私を愛していたのだろうか……」

などと疑う必要もありません。

もしも、あなたが臨終の瞬間に愛の言葉を送ることができたり、愛する人の死に際して、温かいメッセージを受け取ることができたりしたら、**すばらしいミラクルが起こったのだと考えるべき**でしょう。

しかし、それができたとしても、実はそのメッセージを送っている瞬間は、もうその人本人ではないのです。

これは私が見てきた経験上の話ですが、もはやそれは本人そのものではなく、死の瞬間に残された余熱のようなエネルギー体であって、そのエネルギー体が本人に代わってメッセージを放出するのです。

たとえていえば、詩の行間に込められた、詩人の愛のかけらのようなものです。最後の愛の残り香ともいえるものです。

そんなパワーを出せるか、否かは、その人がこれまでどのように生きてきたのかということが、重要になるでしょう。

しかしいずれにせよ、メッセージを送ることができずに死を迎えたとしても、悲しむことはありません。

すべての死は、ハッピーエンド！

人はみな、死を迎えることによって人生を完成させ、次のステージに進み、そこで幸福に暮らすことができるのです。

寿命はあらかじめ決められている

人は生まれたとき、すでに寿命が決まっています。

いま私は、天国にいらっしゃる船井幸雄先生と甲田光雄先生と相談しながら、その運命を変えることができないかチャレンジしています。

すべてのものごとには、プラスとマイナスの局面があり、さらにその中間もあります。

つまり、右左にも、上下にも、真ん中というゾーンがあるものです。

宇宙もこれとまったく同じで、すべてにプラスとマイナス、上下や左右だけではいいつくせない部分、ひずみのような場所が存在しています。

しかし、このグレーゾーンのようなひずみがあるからこそ、世界があるのです。

決まったひとつの答えというものは、世界のどこにもありません。

あなたはあなたらしく生きて、あなたらしい答えをひとつひとつ探していく……そんな気持ちでスローに生きることが幸福への近道です。

人間の感情も同じで、たとえば雲ひとつない夏空に太陽が燦々《さんさん》と輝いているときに、

「うわー、いい天気だな。すばらしいなあ」

と思う人もいれば、

「これじゃあ、焼け焦げてしまうな……」

と感じる人もいます。

その人がどのように感じるか、その感性によって、相手への接し方、心の通わせ方は変わってきます。

私の患者さんの中には、症状の重い人や命にかかわる状態の人が、少なからずいらっしゃいます。

当たり前のことですが、助かる人もいれば、助からない人もいます。

人の寿命は生まれたときから決まっているとお話ししましたが、人間というものは**自分自身の寿命にしたがった行動をする生きもの**なのです。

たとえば、寿命が尽きようとしている人に、

「霊芝《れいし》（キノコの一種）を煎じたものを飲むといいですよ」

と勧めても、決して飲もうとはしません。

「お肉は消化しにくいし、身体が酸性になるからよしたほうがいいですよ」

と注意しても、ステーキを食べてしまいます。

「もう少しやせたほうがいいですよ」

と諭しても、夜中にアイスクリームを食べてしまうのです。

つまり、人間は生きるべくして生き、死ぬべくして死ぬということであって、ある意味では、寿命が生活習慣を選択しているともいえそうです。

このように、寿命にしたがって生活習慣を選択してしまう人間の性《さが》を、なんとか変えることはできないだろうかということを、いま私は船井先生、甲田先生に相談しているというわけです。

それは、不慮の事故も同じです。

人間とは、寿命にしたがって事故に遭うタイミングを選択してしまうものなのです。

しかし、私はそれをなんとか変えたい、いや変えられると信じて、先生方とともに策を練っています。

「ソウルメイト」は自分で選ぶもの

「私は、この人と出会う運命だったんだ!」

恋が成就したときやプロポーズをされたときなどに、こんなふうに感じる人は少なくないと思います。

しかし、あの世を垣間見て、神さまや亡くなった人たちと話をした経験からいえば、出会うべくして出会う運命の人……**いわゆるソウルメイトは、天意によって用意されているものではない**ようです。

人間の身体は、六〇兆個の細胞からできていますが、それら細胞は、さらに数億、数兆個の素粒子によって形成されています。

人間とは、その粒々が人型につながっているように見えているだけの存在です。

一〇〇〇人の人が集まれば、それだけ多くの素粒子が存在しているわけですが、そこに強い力が加われば、一瞬にしてほこりのように散ってしまうものなのです。

運命の出会いというものが存在するとすれば、それは素粒子の粒どうしが強く引かれ合うことで起こるものですから、たとえば強風のような外圧的なパワーを受ければ、粒は吹き飛んでしまいます。

それだけで、運命は変わってしまうことになるのです。

つまり、「生まれたときから縁がある」というようなソウルメイトは、存在していないことになります。

「はじめて会ったのに、懐かしい気がする。はじめて会った気がしない」

という人もいますが、それはその相手の中に、自分に近い感性や、そのとき求めているものを感じたからだと私は考えています。

つまり、「運命の出会い」というよりは、その人がそのとき「出会いたい」と願っている人物像に近い人に出会ったということなのではないでしょうか。

もし、ソウルメイトに出会いたいと願っている方がみなさんの中にいましたら、**ソウルメイ**

トは自分で見つけるもの、自分で引き寄せるものだと思ってください。

私が考える「輪廻転生」の姿

いわゆる「輪廻転生」は、基本的にはありません。

人間がそのまま同じ人格、同じ肉体を持って生まれ変わることは、まずないのです。

しかし、人間が人生を謳歌するうえで、この考え方がよい効果を与えてくれるのは確かです
し、人生訓のひとつとして教育に役立てることも、私は否定しません。

人は死んでも生まれ変わると考えれば、死への不安が薄まり、楽しい想像が広がりますよね。

「次は、どんな人間に生まれるんだろう。お金持ちのお嬢さんかな？」

さらに、

「よし、ここでがんばれば、立派な人物に生まれ変われるぞ！」

などと想像すれば、苦難や試練に負けない気持ちが育つものです。

つまり、地獄のお話と同じです。

私の見たあの世には、天国はあっても、地獄はありませんでした。

生前にいいことをした人も、悪いことをした人も、同じように天国に行きます。

地獄とは、親が子どもを教育するためにつくり出した教育ツールでした。

輪廻転生も同じことで、**一種の教育ツール、啓発ツールなのです**。


しかし、例外もあります。

いま天国にいらっしゃる船井幸雄先生は、

「もうすぐ、私は生まれ変わるよ」

とよく私におっしゃるのですが、たしかに近い将来、先生は次なる生をうけると思います。

なぜかというと、素粒子の織り成す命の形は、ほとんどの人が不完全なのですが、船井先生の命の形は、完璧まであと一歩、あと一点のひずみだけという状態でした。

船井先生には、完璧まであと一億分の一ミリぐらいに迫りながらも、そこが埋め切れなかったという思いがあるのです。

そして、その一点をなんとか埋めて完璧にしたい、という気持ちがとても強いので、その強力なパワーが宇宙に散ったみずからの素粒子をふたたび呼び集めて、渦を巻き、人の形に戻る可能性があるのです。

それでも、ふたり目の船井先生がそのまま現れるわけではありません。おそらく**近親者の子どもや孫として、生まれ変わる**のだと私は予想しています。

多くの人は、不完全な部分の割合が多く、そのひずみを埋めたいという意識が船井先生のようには強くないので、同じように生まれ変わることはほとんどありません。

とはいえ、それが不幸なわけではありません。

天国では誰もが、絶対的幸福感のまま生きることができるのです。

人生の次のステージとして、あの世で平和に過ごせるわけですから、誰もが生まれ変わる必要など、そもそもないのです。

過去の「カルマ」のせいにしない

過去も、現在も、未来もほとんど同じことです。

人間の感覚でいえば長い時間に感じますが、宇宙的視野で見れば、一億分の一秒ほどの一瞬のできごとです。

「あなたの前世のカルマが、いまのあなたに災いしている」などという人もいますが、もしカルマというものがあるとしたら、それは現在のあなたのカルマにほかなりません。

前世のカルマではないのです。

いま持っているカルマであるがゆえに、いまのあなたに災いするのです。

そもそも人間は、胎児として母体にいるときには、何も背負ってはいません。もちろん、カルマとも無縁です。

とてもクリーンな存在なのです。

ところが産道を通った瞬間、さまざまな菌にまみれ、産み出されてからも、いろいろな化学物質や、精神的なストレス、しがらみなど、さまざまなものが染みついてしまいます。私たちは日々、そうやって生きています。

カルマと呼ばれるものも、そのひとつでしかありません。

過去も、現在も、未来も、ほんの一瞬のこと。

過去のせいにして悩むくらいであれば、いまの自分を見直すほうが問題の解決につながりま

す。

すべての死者は「成仏」している

どんな人生を送った人でも、どんな死に方をした人でも、必ず成仏《じょうぶつ》できます。

これまで、数えきれないほどたくさんの死者とお話ししてきましたが、**この世に未練を持っている人はひとりもいませんでした**。

あの世は、絶対的平和に包まれた場所です。

突然の事故で亡くなった人も、若くして病気で亡くなった方も、あるいはみずから死を選んだ方も、あの世ではおだやかに成仏していますから、どうぞご安心ください。

よって、「幽霊」という現象も、存在しません。

不慮の事故で亡くなった人が、自分が死んだことに気づかず、霊となってさまよっている……。よくそんな話がありますが、それは人間がこしらえたファンタジーにすぎません。

くり返しになりますが、亡くなった人はみんな天国で平和を謳歌しています。あの世でハッピーに暮らしている人が、わざわざこちらにやってきて、私たちを驚かせたりするでしょうか？

ただし、亡くなった人が「土地に憑《つ》く」ということは、ありえます。といっても、いわゆる「地縛霊」とは、だいぶ意味合いが異なります。同じ波長の素粒子が引かれ合い、ある場所に集まることがあるのです。もしそれが、よくない波長の素粒子だとしたら、そこを通った人がそれを感じ取り、背筋がゾクッとするかもしれません。

ただし、素粒子は波のように動きますので、未来永劫《みらいえいごう》、そこにとどまることはありません。時間が経てば、やがて移動したり、散ったりしますので、あくまで一時的な現象にすぎません。

同様に、「怨念」とか「呪い」というのも、人間の心が生み出したものにすぎません。何か嫌なことや、トラブルがあったときに、

「これは誰々の怨念だ！」

と思ってしまうのは、**その人が、そう感じる何かを心に育ててしまっているから**です。

後ろめたいことがなければ、そんなことは思わないでしょう？　もし、そう思ってしまった人は、一度、ご自分のことを振り返ってみることをお勧めします。

故人は死を悲しんではいない

あの世で平和に暮らしていると頭ではわかっていても、この世の住人である以上、愛する人を亡くしたときの悲しみは、なかなかぬぐえないものです。

そんなときは、無理をする必要はありません。故人を心から慈しみ、その死をとことん悲しめばよいと思います。

泣くことは、決して悪いことではありません。

泣きはらした先に、必ず平穏は訪れますから、自然に身を任せればよいでしょう。

ただ、その悲しみも、この世に残された私たちだけのものです。

死者は、自分が死んだことを、一切悲しんではいません。

先ほど述べたように、突然の事故で亡くなった人も、若くして病気で亡くなった方も、みずから死を選んだ方も、その死を悲しんではいません。

自分が死んだことに対する怒りもありませんし、ああすればよかった、といった後悔もありません。もちろん、執着も、未練もありません。

あるのは、ただ絶対的な平和だけ。

あの世の人たちと実際に話している私には、それがよくわかります。

もちろん、あの世の人たちも、残された私たちに幸せな人生を送ってほしい、平和な毎日を楽しんでほしいとは願っています。でも、

「悲しみから早く立ち直ってほしい」

とは思っていません。

思っていないというか、「思えない」のです。

悲しみという概念じたいが、あの世にはないので、そう思えないのです。

亡くなった人は、平和しかない世界の住人ですから、

「幸福に平和に生き続けてほしい」

としか考えることができないのです。

だからこそ、永遠の安息が約束されるのですから、それは決して悪いことではないと、私は思っています。

「お墓」「葬式」「仏壇」は必要か？

お墓参りに行くと、みなさんお花を手向《たむ》けたり、お線香をあげたり、ときには生前の好物をお供えしたりすることでしょう。

こうしたことを、亡くなった方がよろこぶのか？　ということを考えてみると、やはり**お墓参りも、残された人の心をおだやかにするためにはじまった習慣**のように思います。

あの世のみなさんは、あなたがお墓参りに行こうが、行くまいが、もっといえば、立派なお墓をつくろうが、海かどこかに散骨しようが、無縁仏であろうが、平和であることに変わりはありません。

ですから、

「お盆なのに仕事でお墓参りに行けなかった。寂しがっているかな」

とか、

「お金がなくて、小さな墓石しか買えなかった。申し訳ない……」

とか、そんなことを思いわずらう必要はまったくありません。

それよりも、**ご自分の人生を生き切ること、日々を精いっぱい楽しむことのほうが、亡くなった人にとって何よりのこと**だと思います。


お葬式や、お仏壇も同じです。

やはり、残された人たちの心をおだやかにするための習慣です。近しい人の死によって乱れた心を整え、平常心を取り戻すツールともいえます。

あの世の人たちが必要としているものではありませんが、人間らしい愛すべき習慣のひとつとはいえるでしょう。

使命があるから私たちは生かされている

あの世の人たちと会話をすることは、誰でもできることではないと思います。

では、なぜ私にはそれができるのか？

そこには、やはり与えられた「使命」が深くかかわっているように思います。

使命はひとりひとりが背負っているものですから、私に果たせて、みなさんには果たせないものもあれば、みなさんに果たせて、私には果たせないものもあります。

あの世の人たちと会話をする能力は、**私が自分の使命を果たすために与えられた能力**なのだと考えています。

死者と会話する能力は、量子波を使いこなせるかどうかにかかっています。

量子波は、無の境地に達することができなければ、使いこなすことができません。

「仕事に行かなきゃ！」

とか、

「子どものご飯をつくらないと！」

といったように、日常の営みに追われているうちは、残念ながら、なかなか使うことができません。

なかなかイメージしにくいことだと思いますが、この量子波を使いこなすためには、**六〇兆個の細胞をつくっている、ひと粒の素粒子にならなくてはいけません。**

それには、自分の脳波がフラット、つまり「死」の状態にならなければ、死者とコミュニケーションをとるまでにはなりません。

私のおじいさん、父も、やはり量子波の使い手でした。ふたりは家の中にいながらにして、世界のすべてを見通すことができました。

幼い私は、その環境で、一日八時間、四年間を過ごしました。その結果、私にもその能力が開花したというわけです。

さらに、五度の「死」を経験したことで、身体の細胞が完全に変化してしまったことも大きく影響しています。

このお話もイメージがしにくいと思うのですが、五度の臨死体験によって、私の身体は、たったひと粒の素粒子にまで分解されるようになりました。

その結果、量子波を出しやすくなり、コントロールもしやすくなったと考えています。

私はこの能力を、決してとくべつなものとは思っていませんが、**血脈、育った環境、そして五度の臨死体験があいまって開花した力**でありますので、誰にでもできる、ということにはならないと思います。

だからこそ、私はそこに強い使命感を感じていますし、果たせていない使命があったからこそ、五度も「死」を経験しながら、いまも生かされているに違いないのです。

そうでなければ、とっくにこの世にいないと思います。数百メートルの高さから海面に落ちて、生きているはずがありませんから。

あなたも「量子波」を使いこなせる

先ほど、あの世とコミュニケーションするのは、誰にでもできることではないと申し上げましたが、遠くにいる人とちょっと会話するくらいでしたら、訓練によってじゅうぶん可能だと思っています。

そもそも人間は、誰もが量子でできているのです。量子波を使いこなす力を持った先生について、しっかり学べば、それなりに使えるようになります。

実際、私はアメリカで、量子波の使い方を教えるレッスンをしたことがあるのですが、その結果、**レッスンを受けた生徒全員が、海を越えて外国にまで量子波を送ることができるようになりました**。


ただ、無理して会得するものでもないと、私は思っています。

現在はスピリチュアル的なものがブームですし、私も学んでみたい、という方は多いと思いますが、私はあまりお勧めしません。

たとえば、「無になる練習」をさせるセミナーなども少なくありませんが、まず「無」の解釈が間違っていることが多いように私は思います。

これは私の考えですが、「無になる」とは、「何も考えない」ことではありません。

人間を形づくる六〇兆個の細胞、さらにその細胞をつくる人体の最小単位である素粒子となって、そこから放出されるパワーこそが「無」の姿です。

禅問答のようになりますが、無になるということは、数億、数兆個の素粒子に秘められた素生力を解き放つことですから、とことん「有」であるともいえます。

「無の境地」とは、頭が空っぽになるということではないのです。

スピリチュアルを極めようとするのではなく、

「自分の使命はなんなのか？」

という問いを模索して、そして、

「どうすればその使命を果たすことができるか？」

をしっかり考え、実践に移すことのほうが、人生という樹に大きな実りをもたらすに違いないと、私は思います。

私はこれからも、自分の使命を果たすべく、日々精進していきたいと思います。

自分だけの「使命」の見つけ方

私の使命は、あの世の秘密をさぐることで、みなさんに「死は怖いものではない」というメッセージを発信すること、そしてそれを、みなさんの治療に生かすことですが、同じようにみなさんにも使命は必ずあります。

人間だけではありません。蚊には「人間や動物の免疫力を向上させる」という使命がありますし、うじ虫には「いつの間にか現れて、死骸を食べ尽くし、環境を美しく保つ」という使命があります。

それなのに、自分の使命がわからないという人は、たいへん多いものです。

その原因は、大きく分けてふたつあります。

ひとつ目の原因は、**「つねに考えて行動してしまうこと」**です。

いくら頭で考えても、現状の枠から飛び出す発想は出てきません。

私たちの考えも及ばないことが、世界には満ちあふれているのに、自分の頭の中にあるたった数枚のカードだけで判断しようとしては、結果は知れています。

「考えることはおやめになって、もっと汗をかくべきですよ」

私はつねづね、こうみなさんにお話ししています。

アクションスター、ブルース・リーさんの名文句に、

「ドント・シンク、フィール！」（考えるな、感じろ！）

という言葉がありますが、まさにこの言葉どおりだと思います。

感じたままに行動してみること！

答えは、そのあとに必ず見えてきますし、そのときに見えたものの中に、きっとあなたの使命が潜んでいるはずです。

ふたつ目の原因は、**「目に見えるものしか信じないこと」**。

これはメディアや、学校教育にも原因があるのですが、世界はまだわからないことだらけであると同時に、目には見えないものが、たくさん存在しています。

たとえば、くり返しお話ししている素粒子です。素粒子の存在は、科学的に立証されていますが、肉眼ではその存在を確かめることはできません。

素生も、量子波も見ることはできません。

もっと身近な例でいえば、酸素も、二酸化酸素も、窒素も、水素も、目には見えません。しかし、それはいまたしかに存在しています。

そもそも、この四つがつくり出す空気や水がなければ、私たちは生きていけませんし、私たちの身体の七〇％は水でできているのです。

「見えないものの存在を信じる」

このことができなければ、世界の本当の姿を見ることはできませんし、自分の使命を知ることなど、とうていできないのです。

とはいえ、どちらの原因も、克服することはそれほど難しいことではありません。

「原点に還る」

このワンテーマを頭に置いて、いまのあなたの生活を、なるべく自然な状態に近づけるようにしてみてください。

そうすれば、おのずとふたつの問題はクリアされますし、

「これだ！」

という自分の使命も、やがて見つかるはずです。

第5章
新しい地球へ

いま私たちは危機を迎えている。
この二～三年が勝負だよ。
一緒に地球をよくしていこう！

この世界はたった十数人が牛耳っている

巧妙に隠されていることですが、実は**世界の政治や経済の大部分は、たった十数人の人たちが支配し、コントロールしています**。

国会などの政治の場では、多数決による議事決定をおこない、「これがみなさんの総意です」などといいますが、それさえ真実の「総意」ではありません。

一部の大金持ちの人たちが、自分たちの思いどおりに情報をコントロールし、国民を誘導しているにすぎません。

彼らのコントロールは、残念ながら学校教育の場にも及んでいます。

国語、算数、理科、社会……教科を問わず、教科書に書かれていることのほとんどは、一部の大金持ちの人たちの思うままにコントロールされています。

彼らにとって操りやすい人間をつくるために、子どものときから教育されているといっても過言ではありません。

彼らがしたいのは、「悪事」ではなく、「独占」です。

ほんの四~五年前のことですが、アメリカで農作物の自家栽培を禁止する法律をつくろうとする動きがありました。

これも、彼らの仕業です。自分たちの企業がつくった種だけを買わせて、大儲《もう》けをたくらんでいたのです。

また、自宅で養鶏をおこなうときは、三羽以下に制限し、それぞれにチップを入れて管理するという条例も彼らはつくろうとしました。

幸いにして、どちらも私たち庶民の力で、なんとか止めることができましたが、こうした圧力は、今後もどんどん強くなっていくでしょう。


このように、彼らはあらゆるビジネスを一本化することで、利益をひとり占めしようとしています。

あらゆる規格を統一して、コンピュータによって一元管理できれば、効率がいいし、コントロールもしやすくなります。

健康的に問題のある、遺伝子組み換えの食品なども、その流れで生まれたものです。

この流れを完全に止めることは、もはやできません。

彼らの力は強大なので、それを防ごうとする人物は、危険な目に遭ってしまうからです。食品だけではありません。医療や工業、航空や鉄道など、ありとあらゆる分野で統一化と独占が図られ、彼らだけで世界の九〇%の利益を集めているのです。

一見、彼らとは関係なさそうな末端の企業にいたるまで、実際は彼らの息がかかっているのが現状です。

残念ながら、世界はすでにそのようにできています。

私たちにできることは、彼らに対して政治的、経済的に逆らうのではなく、**ある種の「村づくり」をすること**です。

自分たちのためだけに種をつくり、それを自主的に集まった「村の住人」だけに配布して、その村だけで消費していくというシステムです。

それはできると思いますし、いますぐやるべきでしょう。

世界中に「毒」がまかれている

彼らがあらゆる手段でまき散らしているものを、私は「毒」と呼んでいます。

わかりやすいところでいえば、**あらゆる食べものに混ぜられている食品添加物、飛行機などから散布される農薬、あるいはワクチンの毒性**も問題になっています。

また、本来は毒ではないものを毒と主張するキャンペーンもおこなっています。

たとえば、ほうれん草の中には「シュウ酸」という物質がふくまれていますが、それは自然のものですから、本来何も問題ありません。しかし、彼らは莫大《ばくだい》な宣伝費を使い、「シュウ酸は体に悪い。毒だから、食べてはいけない」と、私たちの不安をあおるアナウンスをするのです。

そして、シュウ酸を取りのぞいた、不自然なほうれん草を独占的に販売したり、シュウ酸の影響を抑えるとされる薬を売りつけたりしています。

しかもその薬は、発がん性のあるものだったりするので、その結果、今度はがん予防、がん治療のビジネスで大儲けできるというわけです。

私は、この動きをなんとか食い止めようと努力していますが、容易にはいきません。

しかし、このままにしておけば、さらに彼らの支配はエスカレートしていくでしょう。

たとえば、ある種のワクチンを接種していないと、オフィスに入れないとか、電車に乗れないといったシステムです。

ワクチンにふくまれる化学物質を感知するシステムをゲートに備えるだけですから、彼らがやろうと思えば造作もないことです。

実際にアメリカでは、「インプランタブル・デバイス」と呼ばれる、**小さなマイクロチップを体内に埋め込んで、人々の行動を一元管理しようとする動き**があります。

くわしくは、私の尊敬するジャーナリスト、船瀬《ふなせ》俊介《しゅんすけ》先生の『明日はあなたに埋められる？　死のマイクロチップ』（イースト・プレス）をお読みになっていただくとして、この動きが広まれば、彼らはありとあらゆる制限、管理をおこなうことができるようになります。

実際、現在の政権で、すでに議会を通過した五〇〇〇ページにわたる書類があるのですが、その二〇一四ページ目に、このインプランタブル・デバイスに関する項目があります。計画は着々と進行しているのです。

彼らの影響力はくまなく世界中をおおっており、例外はロシアと中国だけです。

ロシアと中国は独自のシステムで国家運営をしていますので、彼らの影響を避けることができています。

「彼ら」にだまされてはいけない

彼らはこのようなシステムを利用して、ロシアと中国をのぞいた世界の国々の人口統制をおこなったり、独占ビジネスをスムーズにするための一元管理をしようとしたりしているように思えます。

「人口を一〇億人減らしたい」

と彼らが考えれば、それも実現可能です。

建前では健康によいとか、ある病気に効くという薬をつくって販売し、一方でその薬にふくまれている化学物質で、人々を病気にし、ゆるやかに人口を減らしていく。

そのような動きは、たしかに見受けられます。

たとえば、彼らが戦時中につくり出した、ある毒物があります。それを処分するには、たくさんのコストがかかる。そこでその毒物を、「毒をもって毒を制する、画期的な薬」として販売することで、大儲けをしながら、毒物の在庫処理もする。

そんな驚くべきことも、実際におこなわれているそうです。


天国にいる船井先生や甲田先生、それに私もふくめて主張しているのは、

「人間は自然の原点に戻れば、病気にはならない」

ということで、彼らが考える「生かさず殺さず」の医療とは、まったく異なります。

食べるものを自分でつくり、自分と家族だけで消費する。つくった食べものを自分の手で触って感じることで、いま自分の身体に必要な食べものを判断する。

そうした暮らしをしていれば、大した病気などにはなりません。

そしてそれは、都会の箱庭のような家庭菜園でもできることなのです。


しかし現実は、なんでもスーパーマーケットで買うような世の中です。

そんな社会のシステムにどっぷりはまってしまうと、知らず知らずのうちに、彼らによってコントロールされたものばかりを口にするようになります。

たとえば、牛乳です。

アメリカの学校給食で提供される牛乳には、香味料、着色料、砂糖などが、たっぷり添加さ

れています。

子どもたちに牛乳を飲ませるために、乳製品業界の大人たちがそうさせたのです。

この「人工牛乳」と、搾りたての自然の牛乳を飲み比べると、まったく別物です。

逆に、学校給食の甘い牛乳の味に慣らされている子どもたちに、搾りたての新鮮な牛乳を与えると、

「この牛乳、甘くなくておいしくない」

などといって、飲もうとしません。

すでに医学的にわかっていることですが、がん細胞の栄養となるのは「砂糖」です。

つまり、彼らは私たちを子どものうちから砂糖の甘さに慣れさせ、中毒にさせることで発がんを助長し、人口統制をおこなったり、あるいは、がんに効くとされる薬を売って大儲けしたりしているのです。

もちろん、一切の糖分を摂るなとはいいません。

私もたまには、甘くておいしいケーキをいただくことがあります。

ここで大切なのは、**日常的に摂りすぎないことと、もし「毒」を摂ったときには、必ず排出すること**です。

毒に囲まれて生きる現代社会では、きちんと意識的にデトックスをすることがとても大切なのです。

世界は危機的状況を迎えている

海の水や河川湖沼の淡水、それに土壌は、すべて弱酸性に傾きつつあります。いつ、海が爆発を起こしても、おかしくない状況です。

実際に、このことが原因で、地震も起こっていますし、巨大台風も発生しています。ありとあらゆる世界的異常気象が引き起こされています。

地質学者の話では、日本の富士山も危ない状況だそうです。地下ではマグマがかなりたまってきており、その圧力は高まるばかりのようです。

地球はすべてつながっていますから、どこかで爆発や地震が発生したりすれば、東洋医学でいう経絡《けいらく》のように、離れたところにも影響を与えます。富士山を刺激することは十分考えられます。

つまり、**大きな自然災害はいつでも起こるし、いつでも「起こせる」**ということです。

いつの時代でも自然災害は起こりますが、甚大なものはせいぜい一二〇年に一回、ふつうは数百年に一回程度だそうです。

地球は、その災害で、みずからのゆがみを正そうとしているわけです。

人間も自然の一部ですから、そのような災害にはちゃんと対応できるようにできています。

ですから、本来はそれほど大勢の人が死ぬことはありません。

しかし、人工的に引き起こされる災害は、そうはいかずに、多くの犠牲をともなってしまいます。

では、なぜ彼らが人工的なショックを与えて災害を引き起こしているのか。

結局、それがビッグビジネスに結びつくからなのです。

船井先生と甲田先生からのメッセージ

船井幸雄先生は、

「彼らによる独占を止めることはできない」

といっています。

それは、政治的にも、経済的にも、また医療の世界にも、ある種の「しがらみ」がはびこりすぎているからです。直接、彼らと戦っても無駄だと、先生は悟っているのです。

そこで先生が選択した道が、天に昇ることでした。

天上の世界から、地上に点在しているパワーのある人たち、影響力のある人たちにアクセスして、地球をよくしていこうとされています。

現在、**船井先生がアクセスしている日本人は、一六〇人いる**そうです。私はその一六〇人をつなぐコンダクターとして先生に選ばれましたので、そのお手伝いができることを誇りに思っています。

こうして、全員の力を集めれば、やがて日本という国がよくなっていくと、先生は確信しています。

日本がよくなれば、それは世界に広がって、アジアはもちろん、アメリカやヨーロッパ、オセアニア、中東、アフリカもよくなっていくというわけです。

また、船井先生は、**今後はユダヤ系とロシア系の人たちが、キーになる**とお考えです。ユダヤ系、ロシア系の人たちは、世界を牛耳る十数名とはべつの経済圏にいるからです。

ユダヤ系の人たちが世界を牛耳っているという陰謀話もあるようですが、どうやらそれは間違った考えのようです。

いずれにせよ、ユダヤ系とロシア系の人たちは多くの可能性を秘めており、船井先生は私を通じてその人たちにアクセスしようとされています。

甲田光雄先生は、もはや神さまのような先生です。

「はい、治療をしました。では、保険を利かせて三〇〇円いただきます」

というような、まるで赤ひげのような方です。

そんな甲田先生は、

「人間は食べれば食べるほど、ありとあらゆる不純物や毒を摂ることになる」

と、おっしゃっています。

つまり、食べる量を減らせば、身体に入る悪いものが少なくなる。しかも、自然治癒力が働いて、毒素や不純物をきちんと処理することができるというのです。

たとえ身体に悪いものを食べても、その量さえ少なければ大丈夫という考え方は、まさに的を射ています。

簡単にいえば、ステーキを半分にすればよいのです。

そうすれば、身体に入る毒や酸が半分になるだけでなく、牛をたくさん殺さずにすみますし、牛の飼料となる、とうもろこしをつくる量も減らせます。あるいは、そのステーキの半分を貧しい国の人たちに提供できれば、飢餓もなくなります。

これが甲田先生のすばらしい少食論です。

このことは、甲田先生のお弟子さんである森美智代先生が、みずからの身体をもって証明されています。

森先生は、甲田先生の遺志を継いで、

「少食は世界を救う」

とおっしゃっています。

このことについては、私も甲田先生からメッセージをいただいています。甲田先生は森先生

を「姫」と呼んでいるのですが、

「小林君は世界に通じている人だから、姫を盛り立ててほしい。しかし、盛り立てすぎて危険にならないように守るのが使命だよ。もちろん、船井先生と一六〇人の仲間たちも助けてくれるから、世界に少食を広めることで、人類の未来を救ってください」

と伝えてきています。

私も自分の治療院で、数千人の方に少食をお伝えし、お勧めもしてきました。

ところがアメリカのレストランは、とにかく過剰な量を提供することを使命にしているようで、なかなか実践が難しいのが現実です。

しかし、実践できた人は実際に病気にならなくなっていますし、次々と健康を取り戻しています。少食の効果は絶大です。

私が出会った「あの世」の有名人

船井先生や甲田先生だけではありません。私の頭の中には、毎日すごい数の方たちがアクセスしてきます。

ただ、そのままでは、私の脳がパンクしてしまいますので、ふだんは脳波を調整しながら、本当に必要な方だけが入ってこられるようにしています。

その中には生前、著名だった方もいらっしゃいます。

最近では、実業家のスティーブ・ジョブズさん、映画俳優でコメディアンのロビン・ウィリアムズさん、それに女優の原節子さんとも交信をしました。

そんな彼ら、彼女らが口をそろえておっしゃっていたのは、

「自分の道を貫くことができたので、とても大きな幸福を手にできた」

ということでした。

自分の幸せの形をしっかり持っていて、それを実現されてきた方々なので、他人からの賛辞や批判などはまったく気にならないそうです。

また、スティーブ・ジョブズさんは五〇代の若さで亡くなり、ロビン・ウィリアムズさんはみずから死を選びました。一見、気の毒に思えますが、**彼らからネガティブな言葉はひとつも聞きませんでした**。

彼らにとっての死は、まるで服を脱ぐように、朽ちた身体を脱ぎ捨てただけなのです。もっと率直にいえば、彼らはいまも宇宙にいます。一〇〇億分の一ミリの大きさの素粒子になって、ずっと生き続けています。

生きているからこそ、そこから素粒子の波長がたなびいてきて私に届き、こうして会話ができるというわけです。

「自殺」を防ぐためにできること

たいへんつらいことですが、現在、日本では年間三万〜四万人もの自殺者がいらっしゃるそうです。

不幸にも精神を病んでしまった方の多くは、精神科や心療内科に通うことになります。そこで処方される抗うつ剤、これが問題です。

抗うつ剤が精神の抑揚にふたをして、力ずくで抑えてしまうために、心の奥底でどんどん圧力が高まっていきます。

薬を飲み続ければ、飲み続けるほど、抑えられた負のパワーがたまっていくので、それが何かのショックやタイミングで爆発してしまうと、衝動的自殺につながります。

つまり、**薬害といえるような自殺が、全体の七〇％程度あるのではないか**、と私は考えています。

そのほかの三〇％の自殺者は、情熱や生命力などが、社会の環境や圧力によってそぎ落とされてしまった結果ではないかと思います。

家庭内でのコミュニケーションがうまくいかなかったり、友だちからひどいいじめを受けたりすることで、自分はひとりぼっちだと孤独感を強めてしまうことも原因です。

人生を生き切るためには、そこに愛がなくてはなりません。

愛を感じられなくなったら、

「ここにいても、しかたないな」

と思い、自殺したくなるのは当然です。

そんなとき、病気になったり、恋人と別れたり、失業してしまったりすると、ふいに自殺してしまうのです。

実は、こうしたマインドにおちいってしまった人は、**自殺の一週間ぐらい前から、実質的な死を迎えている**ことが多いようです。あとは余熱のようなもので生きているのです。

そんなとき、駅で電車が走ってくる轟音《ごうおん》を耳にすると、サッと身を投げてしまいます。

実際に、私のもとには轢死《れきし》された方もいらっしゃるので、

「さぞ、痛かったでしょうね？」

と、私が間の抜けた質問をすると、

「えっ、そうですか……」

と、まるでそのあたりの意識がありません。

ある人は、自分で一週間前に死んでいたことがわかっていて、電車に飛び込むことで肉体を脱ぎ捨てただけだとおっしゃっていました。

ですから、もしまわりで、

「最近ちょっとおかしいな？」

という人がいたら、すぐに声をかけてあげるようにしてください。そのひと言が、最悪の結

果を防ぐことになるかもしれないのです。

自殺を防ぐためには、自然に触れることもひとつの方法です。ささいなことでかまいません。たとえば、**空を眺めたり、公園をゆっくり散歩したり、ベランダで花を育てたり、そんなささやかな息抜きをする**だけでも、人は自殺をしなくなるものです。

理想的には、小さなコミュニティで畑をつくって、みんなで一生懸命になって汗をかき、野菜を育てたりすることができれば最高です。

自然の土に触ったり、リヤカーで収穫したものを運んだり、そうやって汗をかくことで六〇兆個の細胞が目覚めるわけです。

そうすれば、素粒子の中に秘められた素生力がメキメキと湧いてきて、生き切る力と愛が生まれてきます。

よく船井先生が、原始に戻れ、自然に戻れとおっしゃっているのも、こういうことだと思います。

「孤独死」をなくすたったひとつの方法

日本では「孤独死」が問題になっています。

この問題は個人の事情というよりは、地域や国に責任があります。

彼らお年寄りは、長い間、社会づくりに貢献して、税金を納め続けてきた人たちです。

なのに、歳をとったからといって社会が無視してしまうなんて、ひどい話です。

貧しくてインスタントラーメンを食べることが問題ではないのです。

問題は、

「このラーメンおいしいね!」

「そうだね、おいしいね。ちょっとラー油を足してみようか?」

といった、**ささやかなコミュニケーションをとれる相手がいないこと**にあります。

若い人たちにも、大いに責任があります。

彼らは高齢者の知恵と経験を尊敬しなくなってしまいました。

お年寄りがこれまで何十年もかけて、知恵と経験を積んできたのに、それを受け継ごうとしないのは、たいへんな損失です。

受験戦争をして、いい大学に入り、大企業に就職することばかりが幸福であると刷り込まれてしまっているので、そこに人間らしい生き方をはさむ余地がないのでしょう。

コンピュータ社会で、スマートフォンなどを通じてのコミュニケーションばかりにいそしむ姿は、ただの中毒者です。

このままでは、ますます高齢者の孤独化を促進させてしまうことでしょう。

いつもひとりでいるお年寄りが、あなたの身近にいませんか?

コミュニケーションの基本は、フェイス・トゥ・フェイス、ハンズ・オンです。

つまり、目を合わせてお話をし、手を取り合うことです。

まずは、そこからはじめてみましょう。

畳の上で死ねない現代社会

ほとんどの日本人は、病院で亡くなります。

本来は、子どもが親の面倒を見るべきなのですが、自分たちが生きるだけで精いっぱいで、まったく余裕がありません。

その結果、病院に入れて、医者や看護師に面倒を見させるというスタイルが定着してしまいました。

そんな最期はいやだ、畳の上で死にたいという方は、**はじめから子どもを頼らず、自分の力で生活できるように、準備しておくこと**が大切です。五〇歳をすぎたら、ちゃんとお金のことを考え、友人づくりをし、老後の環境を整えていくことです。

私はいまニューヨークで、ある学校をつくっています。

そこでは、お年寄りのみなさんを集めて、知恵と経験を聞かせていただきながら、全員で学びます。

そして、自分の好きなことで社会にふたたび貢献してもらい、学校の運営にも力になってもらいます。

また、この学校には、足がない、手がない、目が見えない、耳が聞こえないといった、障がいを持つ若者たちにも参加してもらいます。

高齢者と若者たちの交流の場をつくることで、技術や知恵を伝授してもらって、若者たちの生きる力を精神的にも経済的にも高めていくのです。

身体に障がいがあることは、不便なだけで、決して不幸ではありません。

そのことに気づき、手に職をつけて、自分の力で生き切るパワーを獲得してもらえればと考えています。

そんな生き方ができれば、素生力が目覚めて、よりイキイキと生活できるに違いありません。

最初は二〇～三〇人でスタートしても、いつかは村になり、町になります。

それが広がっていけば、高齢者の孤独死も減らせることができるはずです。

大事なのは、五〇歳になったら、意識的に老後のことを考え、行動を開始することです。

それがスタートです。

「安楽死」には賛成できない

誰もが、最愛の人が痛がったり、苦しんだりしている姿を見れば、

「早く楽にしてあげたい」

と感じるものだと思います。

しかし、結論からいえば、私はいわゆる「安楽死」には反対です。

一見、苦しんで亡くなった人に、あとから天国で話を聞いてみると、どうやら実情は違うようなのです。

「あのとき、すでに私は死んでいたので、苦しくはありませんでした。ただ、息子や娘とまだ一緒にいたいという気持ちがあって、無理やり身体にしがみついていたのです」

というのです。

肉体にしがみついているので、表情は苦しそうに見えますが、**私たちが思っているような苦しみとは、まったく異なる場合もある**ようです。

何もできない寝たきりの方も同じです。

ある親御さんに、

「うちの息子がエイズで三年間も入院しているので、助けてください」

といわれて、病院に行きました。

その息子さんを見て、私は驚いたのですが、身体中にたくさんチューブが入っていて、顔は真っ赤になり、心臓はふくれ上がり、肝臓もパンパンに腫れていました。

呼吸器で自動的に息を確保されて、食事もチューブで栄養剤を点滴されるだけ。

「これでは、彼は人間ではなく、機械じゃないか……」

私はそう思いました。

そばに行くと、彼は私の目をジッと見て、涙を流しはじめました。

「どうしたの?」

と聞くと、彼は筆談でこういいました。

「ケン先生。僕はとっくの昔に死んだのです。いまこうして、無理やり生かされているのです。まったく、幸せではありません。先生、お願いです。両親に、このチューブを外してくれるように話してもらえませんか」

「それはできないよ。殺人と同じだ」

「では、どうしてくれるんですか。僕を救ってください。僕はここにいないのです」

私は彼から手渡された紙を破ると、彼の身体にコミュニケートしました。

脳や心臓、肝臓などに話しかけたのです。

「もう死んでいるんだよ。早く逝かせてほしい」

そういうメッセージが伝わってきました。

私は、その肉体の声を聴き終えると、彼にこういいました。

「あなたの頭と心臓は、すごい熱があるのに、足は氷のようだよ。いいかい。胸の上に手をあてて、頭と心臓の熱が下がるように祈るんだ。そうすると、どんどん体温が下がっていって、やがてそれが全身フラットになったときに、君は行きたいところに行けるよ」

「そうすれば、天国に行ける？」

「天国かどうかはわからないけど、君が行きたいところに行けるよ」

「ありがとう」


私は、親御さんのもとに行くと、こう告げました。

「彼は、おふたりを愛しているけど、この方法は彼にとって酷でしかないそうです。そういわれました。彼は、平和になりたいといっています」

「でも、あなたドクターでしょ？　ヒーラーでしょ？　治してください」

「私は、治せないのです。治すのは、あくまで本人です。肝臓と腎臓を強化すれば、可能性はあるかもしれませんが、息子さんは平和を望んでいます」

そう話すと、ふたたび息子さんのそばに戻りました。

彼はすでに命がけで、体温をフラットにしようと努力し、すでに結果を出していました。足を触るとほのかに温かみが戻り、頭と胸は、さっきの半分ぐらいまで熱が下がっていたのです。私は、

「できたね。よかったね」

と告げると、少し彼はおだやかな表情に戻りました。

その二日後に、彼は亡くなりました。

彼の死に顔は天使のようだったと、そのご両親はおっしゃり、感謝の言葉と莫大な診療費を送っていただきました。

そのお金は寄付させていただき、多くの人のためになりました。

このように、脳死と判定された、**いわゆる植物状態の方とでも、コミュニケーションをとることは不可能ではありません。**

二〜三日、何も食べずに過ごして瞑想《めいそう》をくり返せば、六〇兆個の細胞にあるアンテナがしっかり立ってきます。

この状態までくれば、脳死と判定された方が相手でも、ご家族や、その方を愛している人ならコミュニケーションをとることができるようになります。

ぜひ、チャレンジしてみてください。

世界に幸福の「輪」を広げよう

この世界をよりよくするためにはどうしたらよいか?

大切なのは、次の三つです

①やりたくないことをやらないこと

②食べたくないものを食べないこと

③やりたいことだけを情熱をこめてやること

そしてそれらを、できれば「輪」になって一緒にやることです。

この輪をつくるということが大切です。

最初は小さな輪でかまいません。やがてその輪は広がって、地域の輪となり、社会の輪となり、やがてそれは国境を超え、世界の輪へと広がっていきます。

輪をつくると、不思議な量子波が出て、ものごとを進めやすくなります。

以心伝心のようなものが生まれて、九州でやっていることが、すぐに北海道につながっていきます。量子波に乗って、瞬く間に広がるのです。

たとえば、船井幸雄先生も本に書かれているエピソードで、有名なお猿さんの話があります。いわゆる「一〇〇匹目の猿現象」です。

ある一匹のお猿さんが、さつまいもを川で洗って食べました。

洗って食べるといいもの味がよくなるようで、一匹がはじめると周囲のお猿さんたちも洗い出し、やがて遠く離れたお猿さんたちも、いもを洗うようになったそうです。

いまは日本全国のお猿さんが、いもを洗って食べるようになったそうで、これはたった一匹のお猿さんから生まれた輪が、量子波によって遠くにも伝わったことを表しています。
まさに、「思いは世界を変える」のです。

ぜひ、あなたも情熱をこめて続けられることをやってみてください。
いいことは、すぐに世界に広がります。
ゴミが落ちていたら拾ってください。
道端でたんを吐くようなマナーの悪い人には、ティッシュを差し上げましょう。

いいことは、気がついたときにすぐに実行する。
それはアッという間に「輪」となって広がり、世界はすぐによくなるはずです。

おわりに

「いまこの瞬間」を生き切る

「あのとき、こうすればよかった」

「つらい記憶が頭から離れない」

「また同じような失敗をしてしまうのではないか……」


過去のできごとにとらわれて、苦しんでいる方が、よく相談にいらっしゃいます。

このようなトラウマを断ち切るには、どうしたらよいでしょうか？

それには、**いまを生き切ることに専念する**しかありません。

つまり、過去を振り返ることなく、これから訪れるかもしれない前代未聞の吉兆、大きな可能性を秘めている未来を見つめて、その未来を現在に映しながら、いまこの瞬間を精いっぱい生きるのです。

明日のことは、誰にもわかりません。

いまこの原稿を書いている私だって、一時間後に死ぬかもしれません。

その死は過去に経験した五度の「死」と違って、こちら側には戻れない「最後の死」になるかもしれません。

もちろん、いまこの本を読んでいるあなたも、例外ではありません。

だからこそ、いまを生き切る。いまこの瞬間を、生き切るのです。

たとえるなら、食のよろこびとは、

「これ、おいしいね！」

といって、食べている瞬間にこそあるわけです。

「あれ、おいしかったね！」

とか、

「これ、おいしそうだね！」

というところに、そのよろこびはありえません。

くり返しますが、いまこの瞬間を生き切るからこそ、「生きている実感」を得ることができるのです。

「この言葉」を胸にすばらしい人生を

いまを生きている人の人生には、愛が訪れ、ロマンが広がり、生のよろこび、充実した生きがい、感謝の念、慈悲の心、尊敬する気持ちが、泉のようにあふれ出てくるものです。

過去にフォーカスしすぎる人は、反省することは得意でも、いま起きていることを敏感に感じとることができなくなっています。

日常生活の中にささやかに咲いている、小さな幸福の花の存在を見つけられず、見過ごしてしまうことになるのです。

小さな幸福に気がつくことができなければ、人と幸せを分かち合うことなどできるはずがありません。それは、とても不幸なことです。

人間や動物の赤ちゃん、草木や花に芽生えた小さなつぼみの姿ほど、可憐《かれん》で美しく、幸福に満ちたものはありません。

なぜ赤ちゃんがかわいらしく、つぼみが美しいのかといえば、**過去を振り返ることなく、一〇〇%「いまこの瞬間」を生きているから**です。

そこにはトラウマもありませんし、わだかまりもありません。

私たちもそんなふうに、いまここを一〇〇%生き切りたいものです。


ライフ・イズ・ビューティフル！

ラブ・イズ・ザ・ベスト！


私はいままで何十万人もの患者さんと接してきましたが、ひとりひとりにこのことを伝えてきたつもりです。

過去の経験と未来への希望が、現在に映ってひとつになることが大切です。そうすれば、いまを生きていることへのよろこびを、はっきりと実感できるはずです。

私は人と話すとき、いつもフェイス・トゥ・フェイス、ハンズ・オンを心がけてきました。目を見て、顔を見て、全身を見て、さらに触れ合うことを実践していれば、いまを生きていることをますます実感できます。

それを感じれば感じるほど、未来は広がり、過去は過ぎ去り、地に足をつけてしっかり生き切ることができるでしょう。

いま私にはこんな夢がある

いま、私はひとつの夢を持っています。

その夢の実現に向けて、小さな一歩ですが、毎日少しずつ歩み続けています。

その夢とは、**ひとつの小さな村、ひとつの小さな社会をつくりたい**、というものです。

集まる人々がおいしいものを分かち合い、楽しいことで笑い合い、おたがいの長所を生かして人の役に立ち、それぞれがいまを生きる実感に満ちて生活する。

それぞれが小さなよろこびを持ち寄って、大きな幸福の山をつくる。

そんな場所です。


たとえはじめは小さな規模でも、その場に集う人々がいまを楽しみ、正しいことをしていれば、周囲の人たちにどんどん伝播していくでしょう。

それは量子の波に乗って、遠く離れた人のところへ、この本を読んでいるあなたのもとへも届くでしょう。

そうなれば、**やがて世界はよりよく変わっていくと信じています。**

船井幸雄先生や、甲田光雄先生は、天国にいながらにして、いまも一生懸命日本の未来を考え、世界の平和を考えてくださっています。

ところが、多くの人は、その思いをキャッチすることができないでいます。

私はおふたりの代理人として、コミュニケーターとして、今後もみなさんにわかりやすい言葉で伝えていきたいと思っています。

先生とみなさんの架け橋となり、手と手をとり合って、世界を少しでもよりよくできれば、私にとってこれ以上の幸福はありません。

本書をまとめるにあたっては、たくさんの方に多大なるご協力を賜りました。

とくに、いつも天界から世界を見守り、的確なアドバイスをくださっている船井先生、甲田先生には厚く御礼申し上げます。

また、いつも親しくさせていただいている心の弟・船瀬俊介先生、心の妹・森美智代先生にも、この場を借りてお礼を申し上げます。

おふたりとは、一生ひとときも離れることができないほど、深い絆《きずな》で結ばれていることを感じています。

そしてもちろん、この本を読んでいただいた読者のみなさんにも、感謝申し上げます。

Thank you so much！

ここで挙げた四人の先生のご著書も、ぜひ読んでみてください。

きっとみなさんのバイブルとなること請け合いです。

本書が、みなさんのさらなるハッピーライフへのきっかけになることをお祈りします。

小林 健

小林 健（こばやし・けん）

本草閣自然療法センター院長。1940年、新潟県生まれ。父方はユダヤ系ロシア人で、神秘主義思想「カバラ」の指導者の家系。母方は新潟県十日町に300年以上続く東洋医学の病院、「春日本草閣」の家系。幼少のころより、自然治療の方法や治癒能力を高める方法を取得。小学生で45日間の断食をみずから行ない達成。これまでに5度の臨死体験をする。39歳まで全国の診療所で診療にあたり、両親の死をきっかけに渡米。ニューヨーク・マンハッタンに治療所を移し、平日はマンハッタンで、週末は郊外の自宅で山と動物に囲まれながら診療にあたっている。身体が発するテラヘルツ波と電磁波を読み取る脈診、風水光、導引光、心通力という宇宙的エネルギーを使った方法も用いて、トータルでの改善を行なっている。クライアントは、あらゆる国籍、人種にわたり、著名人も多数。2009年より日本を訪れ、講演活動やコンサルテーションを行なっている。2013年、NPO法人「HONZO HAVEN」を立ち上げ、人々の駆け込み寺となる施設の建設を目指している。著書に『長生きしたけりゃ素生力をつけなさい』（マキノ出版）、『これからの医療』（ヒカルランド、増川いづみ氏、船瀬俊介氏との共著）がある。

5度《ど》の臨死体験《りんしたいけん》でわかった
あの世《よ》の秘密《ひみつ》

2016年8月19日　第1刷発行

著　者　小林《こばやし》 健《けん》
編　集　石井晶穂
発行人　北畠夏影
発行所　株式会社イースト・プレス
〒101-0051
東京都千代田区神田神保町2-4-7久月神田ビル8F
TEL:03-5213-4700　FAX:03-5213-4701
http://www.eastpress.co.jp

印刷所　中央精版印刷株式会社

© Ken Kobayashi 2016, Printed in Japan
ISBN 978-4-7816-1460-1

定価はカバーに表示してあります。
落丁・乱丁本は、ご面倒ですが小社宛にお送りください。
送料小社負担にてお取替えいたします。
本書の内容の一部またはすべてを、
無断で複写・複製・転載することを禁じます。

イースト・プレスの本

日本人が知っておきたい 47の言葉

ベストセラー『人は死なない』『おかげさまで生きる』の著者が、本当に伝えたかったこと。「おかげさま」「水に流す」「無常」「住めば都」「因果」「笑う門には福来たる」「みたま」「ふるさと」など、この本に収録された「ことば」を口にするだけで、仕事から、結婚、子育て、お金、介護、老い、死まで、人生の迷いがスーッと晴れる!

世界一美しい日本のことば

矢作直樹 著

四六判並製／定価＝本体1200円＋税

イースト・プレスの本

「魔法の周波数」を体感しよう!

雑誌で、ネットで、いま話題の音楽療法が待望の書籍化。付録のCDをたった10分聴くだけで、不調、痛み、悩みがスーッと消える! 「ぐっすり熟睡できるようになった」「仕事の集中力が上がった」「便秘が治って肌がきれいになった」「長年の悩みだった肩こりが消えた」「性格が前向きになった」……など、体験者からの喜びの声も続々!

聴くだけで心と体が安らぐ周波数「528Hz」CDブック

和合治久 著

四六判上製/定価=本体1400円+税

イースト・プレスの本

世界一わかりやすい
レイキの本

なんだか最近、いいことないな——。アラフォーを目前にして、人生の曲がり角に立った篠原茜が出会ったのは、ちょっと不思議なヒーリング、「レイキ」でした。まんがだから楽しく読めて、すぐに使える。そして、どんどん運命が変わっていく。全世界で500万人が実践、ハリウッドセレブも絶賛する「レイキ」の決定版入門書!

まんがでわかるレイキの教室

青木克行 著／みをまこと まんが

四六判並製／定価＝本体1300円＋税

イースト・プレスの本

〈彼ら〉にだまされるな!

この世の「常識」はほとんどすべて真っ赤なウソ!　Facebook人気ユーザーランキング7位、著書累計20万部突破の医師が教える、新聞・テレビが絶対に報じない真実とは。医学の闇はもちろん、政治、経済、メディア、歴史、宗教に至るまで、「この世界の秘密」を網羅的かつ徹底的にあばいた著者の新境地!

99%の人が知らない
この世界の秘密
内海聡 著

四六判並製／定価＝本体1400円＋税

イースト・プレスの本

明日はあなたに埋められる?

「マイナンバー」は悪夢の始まりだった——。GPSでつねに居場所を捕捉、スイッチひとつで遠隔殺人も思うまま。人体へのマイクロチップ埋め込みで、人類はもはや「家畜」同然となる! 「闇の支配者」がめざす究極の管理社会の全貌を、反骨のジャーナリスト、船瀬俊介が徹底的にあばいた必読の書。

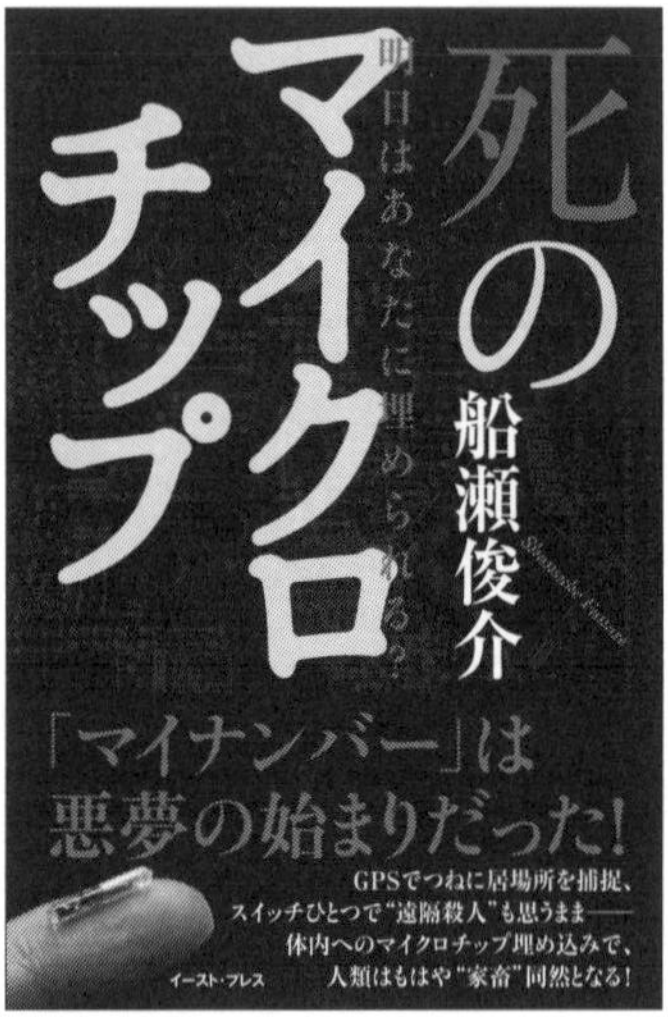

死のマイクロチップ

船瀬俊介 著

四六判並製/定価=本体1400円+税